COMO PLANEJAR SUA
CARREIRA PROFISSIONAL

COMO PLANEJAR SUA CARREIRA PROFISSIONAL

COMO CONSTRUIR E ADMINISTRAR UMA EXCELENTE REPUTAÇÃO PROFISSIONAL E PESSOAL

DAVID F. D'ALESSANDRO

COM MICHELE OWENS

M.Books do Brasil Editora Ltda.

Rua Jorge Americano, 61 - Alto da Lapa
05083-130 - São Paulo - SP - Telefones: (11) 3645-0409/(11) 3645-0410
Fax: (11) 3832-0335 - e-mail: vendas@mbooks.com.br
www.mbooks.com.br

Dados de Catalogação da Publicação

D'ALESSANDRO, David F. Como Planejar sua Carreira Profissional – como construir e administrar uma excelente reputação profissional e pessoal
2013 – São Paulo – M.Books do Brasil Editora Ltda.

1. Psicologia   2. Autodesenvolvimento   3. Recursos Humanos
ISBN: 978-85-7680-218-1

Do original: Career Warfare – 10 rules for building your successful brand on the business battlefield

Original publicado por McGraw Hill

ISBN original: 978-0-07-159729-6

© 2008, 2004 David F. D'Alessandro

© 2013 M.Books do Brasil Editora Ltda.

Editor: Milton Mira de Assumpção Filho

Tradução: Ariovaldo Griesi

Produção Editorial: Beatriz Simões Araújo

Coordenação Gráfica: Silas Camargo

Editoração: Crontec

2013

M.Books do Brasil Editora Ltda.

Proibida a reprodução total ou parcial.

Os infratores serão punidos na forma da lei.

Direitos exclusivos cedidos à

M.Books do Brasil Editora Ltda.

SUMÁRIO

PREFÁCIO 11

AGRADECIMENTOS 13

INTRODUÇÃO 15

1. TENTE OLHAR ALÉM DO SEU PRÓPRIO UMBIGO 27
   Não se vanglorie 28
   Seja notado 32
   Torne-se um produto com as características corretas 37
   Torne-se famoso por "trazer o urso" para casa 38
   Convença as pessoas de que você se parece com George Washington –
   você não é capaz de contar uma mentira 40
   Torne-se famoso por seu silêncio à *Greta Garbo* 42
   Conquiste um nome como o equivalente humano da Fedex:
   sempre entregue no prazo 46
   Torne-se o técnico por quem os jogadores querem jogar 47

2. GOSTE OU NÃO, SEU CHEFE É O COAUTOR DE SUA MARCA 51
Chefes querem lealdade 54
Chefes querem bons conselhos 55
Os bajuladores: não seja Igor 56
Os "do contra": não seja amargo 58
Personalidade equilibrada: nem tanto ao céu, nem tanto à terra, apenas na medida certa 60
Chefes querem suas marcas lustradas 63
O que você quer de um chefe? 65

3. COLOQUE SEU CHEFE NO DIVÃ 69
Pais da "pequena liga": não se comporte como criança por muito tempo 70
O bom sargento: tenha esperança de ter um desses 72
O perdulário: apoiar alguém pode ser uma grande experiência 74
O pária: não associe sua marca à marca deles 77
O "usuário de uma via": dê a volta e pegue outra estrada 80
O covarde: corajoso apenas para matar suas ideias 81
O sabe-tudo: ele não acredita que você *tenha* ideias 83
O equilíbrio do poder: você não tem muito poder, mas tem algum 85
Você pode recusar uma viagem no Titanic 85
Você pode escapar de uma artimanha 86
Você pode fazer amigos nos altos escalões 87
A justiça tarda, mas não falha 89

4. SAIBA QUAL É O GARFO PARA PICLES 93
Primeiro, trate de não se colocar em situações embaraçosas 95
Não lave o rosto com uma panqueca 97
Fazer conjecturas sobre pessoas que você não conhece pode ser fatal 100
Mesmo em ocasiões festivas, sempre mantenha uma postura profissional 102
Mantenha seu mistério 106
Entenda que casamento, ao contrário do namoro, é uma instituição pública ... 107
Paciência é uma virtude, talvez *a* virtude 111

5. KENNY ROGERS ESTÁ CERTO **113**

Nepotismo quer dizer "você, não" 114

Se uma gangue controla a corrida de cavalos,
estabeleça-se em outro segmento 117

Não fique "pastando" por muito tempo 120

Se for talentoso, esteja certo que tentarão arruiná-lo 123

6. SEMPRE É HORA DE ESPETÁCULO **129**

6:30 da manhã: você sabe o que vai vestir? 131

7:45 da manhã: o rapaz amistoso e outras irritações 133

8:45 da manhã: meu reino por uma xícara de café 134

9:00 da manhã: reunião da equipe e outros
aborrecimentos 135

9:45 da manhã: não se esqueça de manter um bom
relacionamento com as pessoas 139

10:30 da manhã: você é Gertrude Stein 140

Meio-dia: hora do almoço 142

1:15 da tarde: o chefe frustra os seus planos 143

3:00 da tarde: a reunião de "combate" 144

3:45 da tarde: seus subordinados deixam a desejar 146

5:30 da tarde: merecida recompensa 146

Das 7:00 às 11:00 da noite: o dínamo diminui de ritmo 146

7. FAÇA OS INIMIGOS CERTOS **149**

Deixe os canalhas para trás 150

Não espere Gary Cooper 152

Nenhuma misericórdia com os desleais 155

Às vezes você tem de deixar de lado as regras 157

Provoque alguns gigantes 159

8. NÃO DEIXE O SUCESSO SUBIR-LHE À CABEÇA **163**

Pergunte para Maria Antonieta: é perigoso ser tratado
como se fosse da realeza 164

Como lidar com o sucesso 166
1. Seja cético quanto à sua genialidade.. 167
2. Cerque-se de pessoas igualmente céticas 168
3. Preserve amigos que o façam lembrar que você ainda
é humano.. 168
4. Tenha certa compaixão por suas vítimas... 169
5 Crie outros interesses, além do golfe, para as suas
horas de lazer 170
6. Lembre-se de quem sustenta sua família... 170
Angarie uma boa reputação fora de seu pequeno
reino 172
1. Trate a imprensa com respeito 172
2. Trabalhe arduamente para fazer com que sua
organização bem-sucedida 175
3. Retribua 177
Construa um reservatório do qual possa lançar mão
em tempos de seca... 179

9. QUANTO MAIS ALTO VOCÊ VOAR, MAIS TIROS RECEBERÁ 181
Entenda quando, como Ricky disse para Lucy, "você tem
que dar alguma *explicação*" 183
O *bunker* não vai funcionar para você melhor do que
para Eva Braun 184
Cometer perjúrio em público é uma má ideia... 187
Esteja preparado para os delatores.. 189
Toda marca tem pontos incendiários; evite derramar
gasolina nos seus 190
Não vá em uma *Jihad* 191
Renove constantemente sua receita de óculos...................................... 193
Não deixe que o vejam suando 195

10. TODO MUNDO PODE SER UM LUTADOR; CERTIFIQUE-SE DE
SER UM 197
1. Não seja um genérico, seja um tylenol... 198

2. Volte à sela do seu cavalo 199
3. Pedir não machuca 199
4. Nunca venda sua marca por pouco dinheiro 200
5. Se o raio está para cair, garanta que você esteja
em campo aberto 201
6. Jogue com astúcia 202
7. Cerque-se de cérebros 203
8. Atingido o sucesso, faça pequenos ajustes 204
9. Não ultrapasse os limites da integridade 206
10. Entenda que não vale a pena ter uma reputação
inobservada 206

ÍNDICE REMISSIVO **209**

PREFÁCIO

O livro *Como Planejar sua Carreira Profissional*, que foi publicado pela primeira vez cinco anos atrás, traça as regras tácitas para se construir uma boa reputação na carreira. Tais regras são aquelas que nenhuma pessoa ambiciosa pode se dar ao luxo de ignorar – regras que a maioria das pessoas *de fato* ignora (ou simplesmente desconhece), apenas para depois descobrirem que não estão progredindo profissionalmente. Agora que acabei de finalizar o curso avançado, *Executive Warfare*, um livro sobre como estender essa reputação para funções gerenciais superiores, é chegado o momento de revisitarmos o livro que você tem em mãos neste momento.

Embora não tenha mudado nenhum dos exemplos apresentados, eu os atualizei de modo a refletirem fatos reais acontecidos mais recentemente. Neste ínterim, algumas das pessoas sobre as quais escrevi foram demitidas, outras se aposentaram, algumas conquistaram novos triunfos e, finalmente, outras nos deixaram e trocaram nosso mundo corporativo terreno por aquele celeste.

O que não mudou nem um pouquinho é a validade dos conselhos contidos nas páginas deste livro. De fato, hoje em dia as notícias apenas fazem com que eles pareçam ainda mais relevantes. Por exemplo, no Capítulo 9, falo a respeito do fato de os escândalos serem particularmente letais para a reputação de um profissional – aqueles que atingem a sua reputação e fazem você parecer um hipócrita. A queda em tempo recorde do governador do estado de Nova Iorque, Eliot Spitzer, em março de 2008, apenas confirma essa ideia. Em sua campanha contra os excessos de *Wall Street*, ainda no cargo de procurador-geral daquele estado, Spitzer havia adotado um tom moralista. Mas quando veio à tona o fato de ele ter patrocinado por um alto valor garotas de programa, mal conseguiu permanecer no cargo alguns dias antes de ser forçado a entregá-lo.

Em que 2008 é diferente de 2003? 2013 diferente de 2008? Seguramente! Bem, hoje tudo é mais rápido. Passados apenas alguns anos, as informações se deslocam a uma velocidade acima da expectativa de qualquer um. Agora temos YouTube, Facebook, LinkedIn, uma câmera fotográfica em cada celular e um blog para cada adulto americano. Boas notícias, notícias negativas e notícias imprecisas são disseminadas de forma tão rápida que agora é ainda mais vital compreender as lições aqui apresentadas sobre a construção de uma boa reputação.

A premissa básica de *Como Planejar sua Carreira Profissional* apenas cresceu, tornando-se mais significativa nesses últimos cinco anos: as pessoas estão constantemente avaliando o seu caráter profissional; portanto, você tem de se comportar de maneira a encorajá-las a confiar e acreditar em você, a cada minuto de cada dia.

David F. D'Alessandro

AGRADECIMENTOS

Anos atrás, tive um chefe que me disse que o problema com as pessoas bem-sucedidas é que, à medida que elas vão ficando mais velhas, se julgam filósofas – como se o sucesso delas tivesse alguma coisa a ver com pensamentos cósmicos que apenas *elas* poderiam ter descoberto.

Jamais me esqueci dessas palavras.

Este livro é escrito para ser antifilosófico e, em última instância, prático. A maioria dos livros de negócios ou são textos teóricos áridos, bobagens em tom pedante, ou então pesados tomos de congratulação a si próprios. Neste livro a mensagem real é que você não precisa de teorias complicadas para ser bem-sucedido no mundo dos negócios ou em qualquer outra área – basta ouvir e observar com atenção. Todos os indícios necessários se encontram por perto, nas pessoas que o cercam e nos eventos que se desdobram diariamente. Minha intervenção é apenas mostrar o bom, o ruim e o horrendo, o ultrajante, o cômico, o desesperador e o grave, tudo isso para ajudá-lo a evitar erros que eu mesmo cometi. Assim espero ajudá-lo a encontrar o seu próprio caminho para o sucesso.

A presente obra aconteceu graças às inúmeras pessoas que me ajudaram a abrir os olhos. Gostaria de agradecer algumas delas: Steve Burgay, um dos diretores mais antigos da Hancock que me encorajou a escrever um livro um pouco mais pessoal do que *Guerra de Marcas*; seus conselhos, como sempre, foram inestimáveis; Becky Collet, advogada e funcionária do departamento de RH da Hancock, que sempre está me encorajando a voar mais alto e me segurando quando caio; Michele Owens, que é a verdadeira autora aqui, maravilhosa escritora e pessoa única por quem tenho grande afeição; John Sasso, cujos *insights* incríveis me ajudaram na edição deste livro; Mary Glenn, minha editora na McGraw-Hill, cuja orientação e paciência são admiráveis.

Também quero agradecer minha esposa Jeannette pelo seu encorajamanento inquebrantável durante os inevitáveis altos e baixos da redação deste livro.

Normalmente eu agradeceria os muitos advogados que passaram um pente-fino em cada palavra várias vezes. Mas recuso-me a fazê-lo – pois embora certos, eles foram muito chatos.

Acima de tudo, gostaria de agradecer os personagens deste livro. Hollywood não seria capaz de criá-los; eles são humanos demais, reais ao extremo e foram vitais no percurso de minha carreira.

INTRODUÇÃO

As verdadeiras provas no mundo dos negócios quase nunca são como se espera.

Vou contar-lhes sobre um momento decisivo em minha carreira. Eu tinha cerca de 30 anos de idade e fazia minha primeira apresentação diante da diretoria da empresa para a qual eu trabalhava. Minha empresa havia sido recentemente absorvida por essa companhia e, portanto, eu era uma cara totalmente nova para a diretoria – um representante subjugado de uma nação conquistada. Mesmo assim estava a meu encargo conduzir a discussão de qual seria o nome da nova organização após essa fusão.

Passei *semanas* trabalhando nessa apresentação, pois nunca havia falado diante de um grupo de executivos tão importante assim.

Para mim, era uma audiência intimidadora. O próprio presidente parecia ter vindo diretamente da Central Casting[1]. Vamos chamá-lo de "Reggie". Reggie tinha todos os gestos típicos de um CEO, inclusive um pequeno aceno

---

[1] *Central Casting* é uma empresa americana fornecedora de mão de obra (figurantes, dublês, etc.) para completar elencos de produções cinematográficas, televisivas, etc. O termo "Central Casting" também é largamente usado fora da indústria cinematográfica. Por exemplo, se diz de uma pessoa que por acaso tem grande semelhança com um determinado estereótipo: "straight out of Central Casting." Disponível em: <http://en.wikipedia.org/Central_casting>. Aqui no caso o autor fala do estereótipo do CEO. (N. T.)

de que ele iria demiti-lo. As pessoas quase nunca se aproximavam dele; elas sempre estavam um passo atrás.

E ele nunca ia a qualquer lugar sem estar acompanhado de um grupo de caras mal-encarados que faziam o "trabalho sujo" para ele. Eles se sentaram em torno da mesa de conferências fazendo lembrar uma série de vilões saídos das histórias de Dick Tracy – o diretor financeiro com uma expressão desdenhosa no rosto, um outro parecendo tão caloroso e amigável como uma barracuda em enormes copos bojudos de Coca-Cola.

Respirei fundo e estava prestes a iniciar quando o presidente me disse: "GM LHDSE QV MJOMT TRNT?".

Fiquei sem resposta.

Eu pensava que estivesse preparado para a apresentação. Obviamente, eu sabia tudo, exceto o que realmente interessava: o fato de essas reuniões de conselho acontecerem logo após o almoço e que, durante o almoço, vinho sempre era servido generosamente. Portanto, na hora que as reuniões se iniciavam, Reggie estava relaxado e pronto para deglutir alguns chocolatinhos de menta. Ele sentaria na sala da diretoria com uma caixa de biscoitinhos achocolatados de menta After Eight à sua frente.

Ele ofereceria algum chocolatinho para alguém? Não. Ele acabara de colocar um atrás do outro na boca.

À medida que o chocolatinho se derretia na sua boca e, pouco a pouco, se aproximava do fundo de sua garganta, o restante da sala esperava, ansiosamente, para que ele desaparecesse. Antes de isso acontecer, era impossível entender uma única palavra do que ele dizia. Na realidade, ele dava a si próprio um motivo de impedimento para uma eventual fala e as reuniões duravam três vezes mais por causa de seus chocolatinhos. E todo mundo fingia não ver nada.

Porém eu nunca havia participado de uma reunião do conselho antes e, portanto, não tinha a mínima ideia de como proceder. "Desculpe-me, senhor", eu disse. "Eu mal consegui entendê-lo."

"GM LHDSE QV MJOMT TRNT?", disse ele novamente.

A essa altura, meu chefe e seus colegas no fundo da sala continham-se para não dar risada. Mas para mim aquele era um momento crítico na minha carreira. O presidente do conselho estava dirigindo a palavra a mim antes de eu ser apresentado. E eu não tinha a mínima ideia do que ele falava.

"Desculpe-me senhor, poderia repetir?"

A essa altura, ele estava ficando enfurecido. Mas eu consegui pegá-lo num intervalo. Eis que surge um brevíssimo intervalo entre o derretimento de um chocolatinho e outro ainda não ter sido introduzido na boca.

"Alguém já lhe disse", praticamente gritando comigo, "que você é um jovem muito atraente?"

Ao ouvirem isso, meu chefe e alguns dos caras sentados no fundão praticamente caíram da cadeira de tanto rir. No entanto, os vilões de Dicky Tracy foram profissionais ao se manterem sérios. Eles finalmente encontraram os relatórios que estavam à sua frente desde o começo da reunião – e, de repente, esses relatórios se tornaram uma fascinante leitura. Uau! Verdadeiros exércitos de números marchando pelas páginas. Que interessante.

No que tange a mim, eu finalmente entendi as palavras que ele dizia insistentemente e *ainda* assim permanecia convicto de que havia ouvido mal.

"Como?", disse eu mais uma vez.

"Pela última vez", disse ele, tão irritado que já estava ficando todo vermelho, "alguém já lhe disse que você é um jovem muito atraente?"

Hesitei por um momento. Senti-me como se estivesse ouvindo um alerta da Defesa Civil. Uma sirene buzinava em minha cabeça e uma voz me soprava: "Isso é um teste".

Pensei: "Trata-se de um teste – e não com o presidente do conselho, pois ele é um lunático. Isso é um teste com os matadores de aluguel".

De fato, a expectativa deles era como aquela dos assistentes em uma corrida da NASCAR, prevendo friamente uma batida entre carros. Eu sabia que no meu caso era importante eu fazer um teatrinho para eles e não dizer algo sem graça. Se alguém já havia me dito que eu era um jovem atraente?

"Muito obrigado", eu disse educadamente ao presidente, "mas não no tipo de ambiente em que nos encontramos agora".

Reggie pareceu satisfeito com minha resposta. Entretanto, seu efeito nos demais presentes foi *realmente* o de distinguir homens de frangotes. Os assassinos de aluguel, folheando os relatórios, eram espertos o bastante para não rirem da cara do seu chefe. Os membros do conselho, muitos deles com idade bem avançada, se contentavam simplesmente em ter algum lugar para poderem usar seus ternos. A turma do fundão, por sua vez, teve um grande momento de regozijo. Risos sufocados podiam ser ouvidos provenientes do fundo da sala.

Como palestrante, eu me sentia arruinado. Depois da comédia que a antecedera, minha apresentação não tinha o mínimo clima, 15 ou 20 minutos de ruído branco que não era de interesse para ninguém. E ao final da apresentação, o presidente disse: "QTL FDDRKR?"

Mais uma vez, ninguém tinha a mínima ideia do que ele falou. Quando finalmente ele acabou de comer mais um chocolatinho, ficamos sabendo que ele e a esposa haviam feito uma viagem para a Carolina do Sul no fim de semana anterior e haviam conhecido um lugar chamado Fuddruckers.

"Sabe", disse ele após ponderar, "esse nome não sai de minha cabeça. Talvez devamos pensar em comprar essa empresa, Fuddruckers, e adotarmos esse nome, Fuddruckers".

Éramos uma empresa do mercado financeiro. Gastamos dezenas de milhares de dólares em pesquisa e centenas de milhares de dólares em novos projetos, todos numa tentativa de chegarmos a uma identidade digna para nossa empresa. E o presidente vem com essa ideia de dar o nome Fuddruckers para a nossa empresa.

A reunião estava terminada. Nesse momento, eu estava pronto para voltar para casa, deitar em uma banheira com água quente e cortar os meus pulsos. Eu imaginava que essa aparição diante do conselho de administração da empresa havia sido um verdadeiro desastre para minha carreira. Na verdade, não foi. Meu instinto inicial estava correto. Esse evento foi uma prova muito importante para mim – um teste em que fui aprovado.

Certamente, Reggie havia sido bizarro. Mas se eu reagisse de forma negativa contra ele, minha reputação estaria arruinada, não a dele. Ele tinha muito poder. Seu jeito bizarro de ser era um *modus operandi* aceito e, no final das contas, eles poderiam forçar a sua saída. Entretanto, se eu tivesse sido malcriado, me alterado ou então tivesse ficado nervoso por causa dele a ponto de não ser capaz de continuar a apresentação, isso teria acabado com qualquer chance de eu subir dentro da empresa pelo fato de as outras pessoas passarem a me ver como alguém que não é capaz de lidar com circunstâncias adversas.

Felizmente, consegui permanecer calmo, e por várias semanas depois da apresentação eu continuava a ser congratulado pelas pessoas pela maneira como consegui contornar a situação.

Esse incidente acabou se transformando em um atalho benéfico para mim. No curso normal do mundo organizacional, teria levado anos para eu ser notado por esse grupo de executivos do primeiro escalão. Porém, em apenas 10 minutos, passei de um anônimo qualquer para alguém que os capangas conheciam – e que sabiam que não deveriam mexer. Fiz amigos mais poderosos nesse particular momento do que jamais teria imaginado.

Eis o ponto importante: entrei naquela reunião imaginando que a qualidade da apresentação era o que contava, e saí dela compreendendo que foi a maneira como eu soube contornar a situação que realmente importou, pois ela me deu uma reputação.

Conto essa história, pois é assim que os negócios realmente funcionam.

A maioria de nós pressupõe que, se seguirmos as orientações de nossos pais – trabalhar arduamente, ser bem-educado, vestir-se bem –, todas as oportunidades do mundo para o sucesso nos serão concedidas. Obviamente, essas coisas são necessárias; são as exigências mínimas necessárias para o dia a dia de qualquer carreira profissional, você poderia dizer. Mas elas por si só não irão distingui-lo de seus colegas e não irão impulsioná-lo para ocupar uma cadeira da diretoria.

> **Trabalho árduo e realizações são necessários. Mas provavelmente isso não fará com que você se destaque em relação aos seus colegas.**

Na realidade, o maior erro que se pode cometer é pressupor que as organizações são racionais e que o sucesso virá de uma maneira racional a partir dos excelentes resultados obtidos nos relatórios de desempenho, boas maneiras e ternos alinhados.

Organizações *não* são racionais, não diferentemente do que é sua cidadezinha do interior. As corporações nada mais são que vilas verticais, tão cheias de excentricidade, rispidez e pequenez como em qualquer ponto do mapa.

Assim como as pequenas cidades, elas possuem um prefeito, um comitê de planejamento e um bêbado da cidade – quem sabe mais de um.

Da mesma forma que nas pequenas cidades, elas são impulsionadas pela fofoca, intriga e suspeitas não confirmadas.

Assim como ninguém é capaz de evitar o desenvolvimento de certo tipo de fama em uma cidade pequena, ninguém é capaz de evitar ter associado a si certo tipo de fama dentro de uma organização.

E da mesma forma que em uma pequena cidade, as oportunidades realmente vantajosas normalmente são dadas de forma que faz com que a "concorrência pública" pareça suspeita. Em outras palavras, os cargos nem sempre vão para aqueles que, no papel, parecem melhores.

Portanto, o que realmente distingue aqueles que simplesmente se arrastam ao longo de suas carreiras daqueles que são bem-sucedidos? De acordo com minha experiência, é o nome que você faz no mercado.

> A maior parte das organizações nada mais é do que vilas verticais. O que realmente conta é o nome que você faz na praça.

Todo mundo na vida organizacional está sendo constantemente observado e avaliado por chefes, clientes, fornecedores, colegas, subordinados e as caras-metades de todas essas pessoas. Todo dia, de cada interação humana da qual você participa, alguém dessa multidão forma uma opinião a seu respeito.

O mundo profissional é um mundo muito pequeno, e todo mundo fala. Seu chefe fala, seus clientes falam, seus fornecedores falam, seus colegas falam e seus subordinados falam. E as caras-metades *também* falam. Elas falam a seu respeito independentemente de você ser um vendedor solitário em seu próprio território ou de você ser o CEO no topo da pirâmide. Finalmente, essas milhares de opiniões que são criadas por milhares de interações irão gerar uma espécie de consenso sobre quem você é.

Esse consenso recebe muitos nomes: reputação, imagem pública ou caráter. Provavelmente essa seja minha tendência como profissional de *marketing* que despendeu décadas ajudando as empresas a construírem *suas* reputações, mas prefiro imaginá-la como uma "marca pessoal". Mas independentemente do nome a ele atribuído, acima de tudo essa opinião coletiva determinará se você conquistará a vila vertical ou será derrotada por ela.

Não está acreditando em mim? Consideremos então como as grandes promoções são realmente conquistadas. Participei de milhares de reuniões onde o futuro de alguém estava sendo decidido. E talvez isso possa chocá-lo, porém nessas reuniões não há uma grande tabela onde todo mundo é classificado de acordo com o seu mérito.

Talvez você também fique chocado ao saber que as pessoas que se encontram em um cargo para realmente *fazer* algo a respeito de sua carreira não pensam em você a todo o momento. Posso garantir-lhes que elas pensam a seu respeito apenas um décimo de por cento do tempo que você gasta pensando em si mesmo.

> **Sobretudo sua marca pessoal determinará se você conquistará a vila vertical ou será derrotada por ela.**

Em vez disso, as decisões sobre o seu futuro provavelmente serão tomadas informalmente, após uma série de pessoas – ou até mesmo uma única pessoa – expressar uma opinião a seu respeito. É como um psicodiagnóstico de Rorschach. Alguém de repente se lembra do seu nome. O que vem à mente dessa pessoa? Ele come pasta de amendoim e patê de fígado na hora do almoço? Ou possui uma visão única para o negócio?

Alguém dirá: "Ela é inteligente, mas ninguém quer trabalhar com ela". Ou "Ele não é um gênio, mas é leal e sabe como motivar as pessoas". Ou ainda "Ele se desestruturou na reunião do conselho da semana passada quando o presidente lhe disse que ele era um cara esperto". E você conseguirá – ou não – a oportunidade que tanto desejou.

Se você trabalhar até os 65 anos de idade, talvez surgirão cinco ou seis desses breves momentos que determinarão o quão bem você será recompensado pelos seus anos de esforço.

Pode ser que o tempo para agarrar aquela oportunidade seja muito curto, mas o que está em jogo poderá mudar o curso de sua vida para sempre. E uma avaliação rápida a seu respeito

> **Normalmente, as promoções são dadas de forma bastante informal, tendo como base uma avaliação rápida de alguém a seu respeito.**

em um desses momentos significa mais para a sua carreira do que uma enorme pilha de relatórios de avaliação de desempenho em seu arquivo pessoal. Portanto, é melhor estar preparado.

Sim, você terá de ter dado um duro danado. Se quiser, é assim que funciona.

Sim, no mínimo você terá de ter realizado algo tangível para poder estar na corrida por uma vaga, por uma parceria ou pelo capital de risco. As organizações respeitam resultados mensuráveis. Mas é *como* você consegue esses resultados que o levará para o nível seguinte.

Fatores decisivos, com muito mais frequência do que se imagina, são qualidades que não são mensuráveis, mas que são tão importantes para uma organização quanto os números. Estou falando sobre qualidades pessoais como honestidade, foco, intrepidez, disposição para pensar de forma corajosa ou um presente para tornar o trabalho mais divertido para os seus subordinados. Em outras palavras, trata-se do caráter que você demonstrou ao longo de milhares de interações que moldarão sua marca e fazer com que alguém aposte – ou não – em você.

As organizações se preocupam muito com o caráter, pois sabem que ele tem tudo a ver com a capacidade de alguém conseguir realizar um trabalho bem feito. Elas também sabem que se derem promoção para pessoas cuja integridade é maculada ou que não têm a coragem de tomar decisões difíceis, é muito provável que a marca da própria empresa acabe sofrendo as consequências.

> É o caráter que você demonstrou que decidirá se você conseguirá – ou não – as promoções que deseja.

De fato, as consequências financeiras da perda de boa reputação de um funcionário-chave podem ser devastadoras para uma organização. Consideremos, por exemplo, o escândalo financeiro de Martha Stewart. Em 2002, surgiram notícias de que ela estava sendo investigada pela prática de *insider trading*[2] na negociação de ações da empresa de biotecnologia ImClone, cujo fundador era um de seus amigos. No final, ela foi indiciada por acusações derivadas dessa investigação e acabou passando cinco anos na prisão. Entre os diversos escândalos corporativos daquela época, este ganhou destaque pela clareza dos fatos. A negociação de ações da ImClone por parte de Martha não

---

[2] Prática não equitativa de negociação com ações, vedada pela legislação em vigor, para impedir que pessoas, que possuam informações privilegiadas sobre as companhias, realizem negócios prejudiciais aos investidores em geral. Fonte: *Dicionário de Termos Financeiros*, 2003, Santander Banespa. (N. T.)

tinha nada a ver com a sua própria empresa, a Martha Stewart Living Omnimedia. Foi um escândalo puramente relacionado com a reputação.

Não obstante, os danos provocados pelo escândalo à marca pessoal de Martha Stewart rapidamente se espalharam também para a marca de sua empresa. O preço das ações da companhia caíram mais de 50% nos dois meses após o surgimento das notícias a respeito da investigação ImClone, e seus ganhos também caíram abruptamente. O mínimo indício de que Martha estava querendo cortar caminho e obter vantagens pessoais à custa da empresa fez com que seus investidores, anunciantes e clientes perdessem a fé em sua empresa. E não sem razão. A lista de grandes empresas arruinadas pelo mau juízo de uns poucos indivíduos é de fato longa.

Empresas perspicazes sempre se desdobraram para buscar funcionários com o tipo de qualidades pessoais que irão engrandecer, não comprometer, a reputação da companhia. Agora, depois de verem as marcas pessoais dos altos executivos da WorldCom, Tyco, Enron e Adelphia irem para a lama e arrastarem consigo suas companhias, até mesmo empresas não tão perspicazes acabaram descobrindo que elas não podem se dar ao luxo de contratarem e promoverem pessoas de reputação questionável.

> **Empresas perspicazes sempre se desdobraram para buscar funcionários com o tipo de qualidades pessoais que irão engrandecer, não comprometer, a reputação da companhia.**

Isso significa que a coisa mais importante que você pode fazer para a sua carreira é construir as bases para uma reputação pessoal atrativa, de modo que da próxima vez que alguém com poder *efetivamente* lembrar o seu nome, ele pense a seu respeito de forma positiva.

Logicamente, é mais fácil dizer "construir uma grande marca pessoal" do que fazê-lo na prática. Na verdade, costuma ser uma verdadeira batalha. É preciso combater constantemente a indiferença, a hostilidade, a covardia e, às vezes, até mesmo a mania "de comer chocolatinhos de menta" de pessoas com poder para fazê-lo avançar ou detê-lo.

> **A coisa mais importante que você pode fazer para a sua carreira é construir as bases para uma reputação pessoal atrativa.**

Você também terá de combater seus piores impulsos. É fácil se descuidar e acabar deixando que coisas estúpidas que você diz em coquetéis promovidos pela empresa influenciem a sua marca. Também é fácil não querer enxergar os verdadeiros momentos cruciais e decisivos em uma carreira, e assim deixá-los escapar. É fácil se esquecer de que marcas pessoais normalmente são construídas tijolo por tijolo e dia após dia – e que qualquer interação que você mantiver com qualquer um dentro de suas funções profissionais tem o potencial de alterar sutilmente sua marca, para melhor ou para pior.

Também é mais fácil ceder à tentação de pegar um pequeno atalho agora para descobrir somente após anos de estrada percorridos que este ato lhe custou tudo a que você se dedicou. Por mais duro que tenha sido construir uma ótima marca, normalmente é preciso combater com vigor ainda maior para mantê-la.

Geralmente, as maiores batalhas em uma carreira são aquelas que têm de se travar consigo mesmo, à medida que se esforça para dar ao mundo razões para você ser julgado por ele apenas de modo positivo. Escrevi este livro para ajudar aquelas pessoas ambiciosas a vencerem tais batalhas e a construírem o tipo de nome para si mesmo que permitirá a elas alcançar as suas ambições.

Trata-se de uma ramificação natural de meu último livro, *Brand Warfare* (publicado no Brasil como *Guerra de Marcas*), onde apresento as regras básicas para qualquer empresa que pretenda se estabelecer e construir uma personalidade pública atrativa. E assim como *Brand Warfare*, este livro não é um tratado acadêmico, cheio de teorias derivadas de estudos científicos. Ao contrário, ele é produto de 30 anos de experiência profissional no mundo dos negócios. As regras aqui apresentadas são as minhas e nasceram de anos de observação – algumas vezes com admiração e outras com atônita incredulidade – de como se comportam as pessoas desejosas de sucesso na vida organizacional.

Obviamente, é muito provável que você esteja se perguntando se eu escrevi este livro por ter sido infalível na administração de minha própria marca pessoal ou não.

Absolutamente não. Tive minha cota de erros ao longo dos anos e gerei minha cota de histórias negativas. Felizmente, elas não foram tão graves a ponto de impedirem que eu me tornasse CEO da John Hancock Financial Services ou de fazerem com que a McGraw-Hill não concordasse em publicar os meus livros. Espero que pelo fato de eu ter "atirado em meu próprio pé" algumas vezes, possa dar um panorama mais amplo da luta para conquistar e manter uma boa reputação ao longo de uma carreira.

Vi muitos homens e mulheres, em outros aspectos talentosos e capazes, arruinarem suas carreiras pelo fato de serem muito egocêntricos, arrogantes ou por deixarem de projetar as qualidades pessoais corretas para as pessoas com poder, ou ainda por não entenderem o quão importante é tratar bem uma recepcionista em qualquer manhã de uma segunda-feira comum. Não gosto de ver talento desperdiçado; portanto, espero convencê-lo de que você está construindo algo importante todos os dias por tudo o que diz e faz.

É a marca que você constrói para si mesmo que determina se você se tornará "o prefeito da vila vertical" ou "o idiota da vila". Escrevi este livro para ajudá-lo a garantir que a marca a qual você está ligado é aquela que você quer dar a si próprio, caso tenha a oportunidade de escolher.

REGRA

1

TENTE OLHAR ALÉM DO SEU PRÓPRIO UMBIGO

Qualquer livro sobre marcas pessoais deve, por direito, começar com o maior dos obstáculos para construí-las, ou seja, pelo alto grau de egocentrismo que muitos de nós sofremos.

No *The Devil's Dictionary* (*O Dicionário do Diabo*), Ambrose Bierce define a palavra "eu" desta maneira: "*Eu* é a primeira letra do alfabeto, a primeira palavra da língua, o primeiro pensamento da mente e o primeiro objeto de afeto".

"Eu" é certamente a primeira consideração na vida organizacional. A reação da maior parte das pessoas quando qualquer coisa acontece no local onde trabalham é: "E eu? Isso vai ser bom para mim?". Por exemplo, a empresa é subitamente envolvida em um escândalo. Seu pensamento não é "Como nós poderemos sair dessa confusão?", mas sim "Será que *eu* estou metido em encrenca?".

Ou você ouviu dizer que a gerência está transferindo um departamento para o Arizona. Seu pensamento imediato não é "Será que isso vai ser bom para a empresa?", mas sim "Será que vou gostar de morar em Scottsdale?".

Com exceção da Madre Teresa, poucos de nós escapam de ver o local de trabalho predominantemente em função de nosso próprio interesse. Entretanto, para construir a marca pessoal que irá ajudá-lo a ser bem-sucedido, é preciso ver a coisa segundo uma perspectiva diversa. Você deverá transformar esse egocentrismo em um desejo por respeito de si próprio e das pessoas que o cercam.

> **Para construir uma boa reputação, é preciso ver suas próprias ações segundo a ótica das pessoas que o julgam.**

É até possível que você seja um egoísta que só olha para o próprio umbigo, mas pelo menos será um egoísta que reconhece o valor da aprovação das outras pessoas.

E neste caso, antes de dizer ou fazer qualquer coisa, você terá de considerar que reflexos isso lhe trará. Irá melhorar sua reputação ou manchá-la? Você ficará orgulhoso do que falou e fez nesse processo?

Em outras palavras, é preciso ver suas próprias ações segundo a ótica das pessoas que o julgam.

NÃO SE VANGLORIE

Infelizmente não é fácil adotar uma perspectiva externa em relação às suas próprias atividades, porque tal perspectiva não é algo natural. De fato, estudos da psicologia social revelaram a existência de um verdadeiro abismo entre a forma como uma pessoa que executa uma ação justifica seu próprio comportamento e a forma como observadores externos o justificam.

O agente tende a ver as coisas que faz como uma reação a circunstâncias externas. Por exemplo, se você estoura com alguém, poderá dizer para si próprio: "Eu estourei porque ele me levou a uma situação extrema". Adicionalmente, o agente tem muito mais conhecimento sobre suas próprias intenções ao realizar uma ação e também sabe se esse tipo de comportamento é normal para ele.

Você pode dizer a si próprio: "Sim, posso ter dado uma impressão agressiva, mas eu não pretendia fazer isso". Ou "Sim, fui rude com ele, mas normalmente sou uma pessoa tranquila".

Junte tudo isso e tenderemos a ver nossas atividades segundo uma ótica bem complacente. "O que você quer que eu faça? O cachorro comeu a lição de casa!"

Pessoas que por acaso se veem expostas a situações desagradáveis, acabam criando para si estas desculpas tendenciosas. Consideremos, por exemplo, Darva Conger, a enfermeira que, em 2000, se casou com um estranho no programa da Fox TV *Who Wants to Marry a Multi-Millionaire?* e, após tê-lo deixado logo em seguida, ficou surpresa pela avalanche de críticas negativas que recebeu na imprensa.

No programa *Good Morning America* ela disse: "não sou uma caça-dotes", "quero apenas minha vida de volta". Depois disso ela fez a coisa mais hipócrita de todas para alguém que diz não ser uma oportunista nem querer a atenção do público: posou nua para a revista *Playboy* por uma quantia substancial. Mas Conger era incapaz de admitir sua hipocrisia, argumentando que suas boas intenções desculpavam a exposição pela *Playboy*: "Foi a maneira que encontrei para tirar um sarro de mim mesma".

Outro excelente exemplo de autopiedade é Jeffrey Skilling, ex-CEO da Enron. Em fevereiro de 2002, ele testemunhou perante o Congresso sobre o colapso da empresa. Quando perguntado se estava a par das transações societárias que levaram a Enron ao colapso, chegou ao absurdo de culpar circunstâncias externas pela sua falta de conhecimento. Por que Skilling não ouviu seu diretor financeiro prometendo aos membros do conselho que ele aprovaria acordos questionáveis? Porque a energia elétrica acabou. "Para ser bem sincero, a sala estava às escuras e as pessoas estavam entrando e saindo da reunião", disse ele.

No entanto, segundo observadores externos, o fato de as luzes terem se apagado durante a reunião não era relevante. O problema era o próprio Skilling, que foi comparado ao Sargento Schultz, do antigo programa de televisão *Guerra, Sombra e Água Fresca*, o nazista desastrado que dizia: "Eu não vejo nada! Não ouço nada!".

A verdade é que, enquanto temos a tendência a não ver nossas ações nada heroicas como reflexo da bondade natural de nosso caráter, observadores externos creem justamente no oposto: que fazemos determinada coisa por causa do tipo de pessoa que somos. Afinal de contas, eles têm muito menos informação que nós sobre nossos atos. Eles não têm a mínima ideia de que encontramos um cachorro que acabou comendo nossa lição de casa, de que não pretendíamos que ela fosse comida ou que tal fato jamais havia nos acontecido no passado. No que diz respeito ao observador – particularmente àqueles que não nos conhecem muito bem –, estamos sem a lição de casa por termos o tipo de personalidade não confiável cuja lição de casa *acaba realmente sendo* comida.

> **Todo mundo tem uma tendência natural de criar desculpas para seu comportamento. Não as crie para o seu. As pessoas definem quem você é baseadas em seus atos.**

Psicólogos sociais nomeiam esta tendência que os observadores externos têm de suporem que nossos atributos internos são a causa de toda ação como "erro fundamental de atribuição". Pode ser um erro de percepção, mas é a dura realidade. Tudo que você faz e diz é visto pelas pessoas ao seu redor como uma evidência *de quem você é*.

Na verdade, essa tendência de interpretar as ações de outras pessoas em termos de suas características básicas é muito útil. Ela adiciona certo grau de controle e previsibilidade ao caótico mundo das relações humanas. A Pessoa A pode decidir se a Pessoa B é confiável baseada em poucas informações – mas uma vez que A rotulou B, A tem o consolo de saber o que esperar de B e se sente apto a ajustar o seu próprio comportamento em função disso.

E uma vez que a avaliação de B feita por A torna-se de conhecimento público dentro de sua organização, todos na empresa irão achar que possuem um conhecimento sólido do caráter de B. Este passa a ter então uma marca reconhecível.

Certa vez, quando ainda era jovem e trabalhava no ramo de relações públicas, testemunhei um exemplo surpreendente da rápida construção de marca que imediatamente mostrou a toda a firma como lidar com um de seus clientes. O cliente era um comerciante de vinhos e minha importância era tão pequena a ponto de meu trabalho ser apenas o de garantir que o diretor do grupo e sua esposa fossem bem acomodados quando viessem a Nova Iorque.

Já que estavam instalados em uma incrível suíte do Plaza, poder-se-ia pensar que isso fosse uma tarefa fácil. Mas isso acontecia numa época em que o setor doméstico de produção de vinho se sentia inseguro com relação à França e, portanto, como resultado, o casal era inacreditavelmente arrogante e exigente. O homem se comportava como se tivesse nascido no negócio do vinho, como um Rothschild, em vez de alguém que fora empregado nessa área como relações públicas para uma organização comercial. Sua consorte era ainda pior.

Recebíamos uma longa lista de solicitações de sua parte. Uma das coisas que ela insistia era que não houvesse marcas de pés nos tapetes quando entrassem no quarto do hotel. Não me refiro a sujeira; falo sobre as saliências no tapete causadas pelas marcas dos sapatos. Pelo fato de sempre estarmos na suíte, tentando satisfazer todos os desejos demandados, chamávamos incessantemente as atabalhoadas camareiras tentando convencê-las a aspirar o felpudo tapete caminhando de marcha a ré, em direção à saída da suíte.

A exigência mais específica da mulher dizia respeito à iluminação adequada no banheiro para poder se maquiar. O papel que recebi especificava um determinado valor em um fotômetro. Então cuidadosamente e munido de um fotômetro, eu tentava adicionar ou subtrair lâmpadas e espelhos do toucador.

Fico imaginando que eu não sabia como ler um fotômetro, pois segundo ela, nunca havia luz *suficiente* no local. Porém isso não vinha ao caso, já que não havia luminosidade ou cosméticos suficientes em toda a *Bloomingdale's* para tornar essa mulher atraente. De qualquer forma, ela iria armar um barraco por se sentir prejudicada na aplicação de sua maquiagem e insistiria para que fosse feita uma reprimenda. Consequência disso: eu era repreendido aos berros pelos meus superiores.

A história se espalhou rapidamente por toda a empresa. Bastou um único dia para que qualquer pessoa com algum talento naquela empresa não ter a mínima vontade de fazer algo para este cliente. As mais talentosas diziam: "Eu não vou trabalhar com esta conta", e se livravam dela porque tinham outras escolhas. Conforme dito anteriormente, as marcas pessoais são decididamente úteis – para os empregados realmente bons havia agora um cliente a menos com quem se preocupar.

Apesar de estes comerciantes de vinho serem um exemplo extremo, eles estavam sofrendo de uma doença que frequentemente impede o progresso das pessoas em sua vida profissional: o que eles viam, ao se olharem no espelho, de modo algum correspondia à realidade externa. Eles pensavam que se pareciam com o Príncipe Renier e a Princesa Grace de Mônaco. Nós os víamos como Nicolae e Elena Ceausescu da Romênia – terríveis déspotas sem cultura e com um apetite monstruoso pelo luxo.

Obviamente, desenvolver uma imagem precisa de si próprio é sempre uma luta. Nenhum de nós é tão benevolente, inteligente ou admirável como acredita ser – ou, neste caso, como as pessoas que nos bajulam nos querem fazer acreditar.

Mas se você não for capaz de começar a se ver com um certo distanciamento, nunca será capaz de mudar seu comportamento para que este corresponda ao tipo de pessoa que idealmente você gostaria de ser. Ao contrário, você será o equivalente profissional da pobre Darva Conger, passando de embaraço em embaraço, e negando a todo tempo que esses embaraços expressem qualquer coisa significativa a seu respeito.

> **Não se lisonjeie. Você não pode construir uma boa marca pessoal caso não consiga se ver como os outros o veem.**

De fato, ser capaz de retirar a camada de negação, que nos impede de entender nosso próprio comportamento, é uma grande vantagem na vida profissional que me torna totalmente convicto da importância de você ter de adquirir este conhecimento a qualquer preço. Você pode ler grandes romances ou consultar seu Papai Sabe-Tudo. Acredito muito no trabalho dos psicólogos – bons psicólogos, não aqueles empregados pelas corporações – para ajudá-lo a ver realmente o que o motiva a agir de uma determinada maneira. Com um pouco de sorte, eles também lhe darão algo de igual valor: a visão sobre os porquês dos comportamentos estranhos de outras pessoas.

Acima de tudo, fique atento, pois o seu comportamento o define. Uma vez que você será julgado não com base em suas intenções e desejos, mas por suas ações externadas, tente não desenvolver uma visão estreita. Considere coisas além do seu próprio interesse, tais como o bem-estar das pessoas com quem trabalha e da companhia para a qual trabalha.

SEJA NOTADO

Tendo obtido um autoconhecimento suficiente para moldar o próprio comportamento, qual deve ser então o seu próximo passo?

Obviamente, a fim de estabelecer uma boa reputação entre as pessoas que detêm o poder dentro de sua organização, você deve ser notado por elas. Isso nem sempre é fácil.

Vou lhe contar sobre a primeira vez em que eu realmente atraí a atenção de alguém poderoso.

Era meu primeiro emprego após ter concluído os estudos. Eu trabalhava em uma grande firma de comunicações em Nova Iorque e sofria todo o tipo de humilhação no início de carreira. Mal conseguia sobreviver com meu salário. Após pagar o aluguel e outras contas, restavam-me, literalmente, 5 dólares para o fim de semana. Eu tinha duas calças e uma jaqueta esporte. Este era o meu guarda-roupa. Eu tinha uma secretária que se recusava a datilografar para mim porque ela tinha um salário anual de US$ 11.000, enquanto o meu era de apenas US$ 10.800.

Certo dia, ainda com poucos meses de empresa, me disseram para ir à sala do chefe do meu chefe às 18 horas. Obviamente, eu seria despedido. Naquela empresa, esta era a hora em que as pessoas eram despedidas. Eles nunca despediam pessoas no começo da manhã. Como teriam de pagá-lo pelo dia trabalhado, então, em troca, queriam o trabalho de um dia inteiro.

Além desta, que outra razão teria o chefe do escritório para querer me ver? O cara era tão rígido e tão superior por suas origens – "Meus ancestrais vieram no Mayflower[3]" – que costumávamos chamá-lo de Sr. Rígido. O Sr. Rígido e eu praticamente não tínhamos trocado nenhuma palavra durante o pouco tempo que eu tinha na empresa.

Seu comportamento naquela tarde somente confirmava minhas suspeitas de que eu seria despedido. Após ter trabalhado o dia todo, ele nem teve a gentileza de me dizer: "Sente-se, por favor".

Deixou-me em pé, em frente à sua mesa como se estivéssemos no exército. Meu estômago roncava.

O Sr. Rígido finalmente abriu a boca e, enquanto eu aguardava a degola, agiu de forma bastante estranha. Ofereceu-me uma promoção e disse: "Estou aumentando seu salário para US$ 12.000 anuais".

"Doze mil dólares!", pensei eu, era inacreditável. Agora, minha secretária *vai ter* de datilografar as coisas para mim! Eu queria expressar minha alegria, gratidão e alívio, mas, com toda honestidade, ainda me sentia um pouco enjoado.

---

[3] Mayflower foi um navio que saiu da Inglaterra, em 1620, e aportou nos Estados Unidos. O navio transportava os chamados *Peregrinos*, que foram os primeiros colonos a se estabelecerem nos EUA (Fonte: Wikipédia, N. E.)

Não sabia bem se eram os nervos ou o peixe que tinha comido no *Captain's Table*. Não comia peixe desde criança, desde quando minha mãe me ofereceu para jantar o peixinho do aquário da família, frito. Claro, tinha sido eu quem pescara o peixinho do aquário como retaliação por não ter podido ir à pescaria com meu irmão mais velho. O cheiro de peixe frito me assombrou durante anos, mas este tinha sido justamente o dia em que eu havia pensado em dar uma nova chance aos peixes.

Infelizmente, esta não foi a melhor ocasião para descobrir se eu era realmente alérgico a peixes. Então, aconteceu o pior.

Eu tentava me concentrar na perspectiva de cem dólares a mais por mês quando, de repente, vomitei – diretamente nele, com incrível força, sobre toda sua mesa, seus papéis e seu belo terno cinza de flanela. Linda Blair, em *O Exorcista*, poderia ser considerada amadora comparada a mim.

O Sr. Rígido procurou alguma coisa para se limpar, mas fora isso, se comportou como se absolutamente nada tivesse acontecido. Foi incrível. Ele ficou tão contido em mencionar o fato de eu simplesmente ter vomitado nele, que imagino que ele tenha pensado ser uma técnica italiana de negociação, com a qual não estava familiarizado.

Sua reação foi tão peculiar que realmente me ajudou a não me sentir muito mal pelo que acabara de fazer. Fiquei abismado com a sua frieza. Pediu que me sentasse? Ofereceu-se para chamar um médico? Ficou bravo? Não. Eu teria aceitado melhor sua raiva do que sua falta de sentimento e preocupação.

Apesar do aumento e da promoção, o Sr. Rígido claramente teria de me ver como um ser humano. Este incidente me deu uma luz: meus chefes não tinham de sair em uma viagem de descobrimento para aprender a meu respeito. Para eles, eu era um instrumento. E, como instrumento, eu teria de encontrar maneiras de me distinguir, além de vomitar.

O fato é: a atitude do Sr. Rígido não é incomum. Numa organização, você será imperceptível caso não encontre uma maneira de melhorar a vida das pessoas hierarquicamente superiores. Portanto, a forma mais simples e indicada de estabelecer sua marca pessoal, quando se é novato em uma organização, é tornar-se útil – idealmente, sendo único. Seja esperto. Marque seu território encontrando algo que está faltando na organização e que você possa oferecer.

Foi exatamente o que fiz com o Sr. Rígido, e logo tornei-me indispensável para ele.

Primeiramente, juntei minha juventude e inexperiência e as transformei em algo com valor. Eu me tornei conhecido como o jovem "das ideias", para quem se poderia dar um projeto que este traria várias ideias para tocá-lo adiante. Isso era importante para a empresa, pois as pessoas de meia-idade que me cercavam tinham uma escassez de ideias. Eles queriam ser filósofos, sábios que editavam as ideias dos outros. Logo, não havia nenhum novo negócio sem que nele eu não fosse incluído.

> **A melhor maneira de estabelecer uma marca quando você é novo em uma organização é oferecer algo que falta a ela.**

Em segundo lugar, tornei-me a fonte de notícias sem as quais as pessoas não poderiam viver. Foi a época em que surgiram as emissões extraordinárias, não pela Internet e pela televisão a cabo, mas por um teletipo da Dow Jones, que deixava uma quantidade enorme de papel pelo chão. Eu me ofereci para fazer algo incrivelmente simples: deixaria minha sala a cada 30 minutos, mais ou menos, recortaria as mensagens do teletipo e colocaria as notícias num mural. Meus colegas achavam esta tarefa muito abaixo de suas qualificações, mas isso me colocou em evidência.

Uma vez que eu tinha de monitorar as notícias relacionadas com nossos clientes em primeiro lugar, me era permitido fazer visitas frequentes à sala de meu chefe ou dos responsáveis por alguma conta e dizer: "Por sinal, as Indústrias Engelhard acabaram de anunciar que irão comprar toneladas de platina da Rússia".

> **Para ser notado, transforme qualquer qualidade sua em algo que tenha valor para seus superiores.**

Os maiorais poderiam então passar a mão no telefone, ligar para seus clientes e demonstrar a grande atenção que estavam dando a eles.

A verdade era que aqueles com poder de decisão tinham inúmeros voluntários prontos para assumir tarefas de grande relevância e que dessem *status*. Às vezes, a coisa mais inteligente é tomar para si aquela modesta tarefa que tem de ser feita.

A terceira coisa que fiz para me firmar foi me tornar a pessoa que consegue reserva nos melhores restaurantes do país. Este foi um desdobramento

> Há provavelmente muitos voluntários prontos para assumir tarefas de grande relevância. Portanto, às vezes, a melhor maneira de se fazer notado por aqueles que detêm o poder é fazer algo modesto, mas essencial.

bastante irônico para um rapaz ítalo-americano do interior do estado de Nova Iorque que, até aquele momento, nunca tinha comido num restaurante de 2 estrelas, quanto mais um de 5 estrelas. Na verdade, passei a ser o responsável por um cliente chamado Mobil Travel Guides que dava notas a restaurantes. A Mobil tinha um belo prêmio, que dava aos restaurantes que recebiam a nota mais alta, mas nunca divulgava isso adequadamente.

Convenci a Mobil a gerar uma série de *press releases* e destaques na imprensa quando algum restaurante recebesse 5 estrelas. Depois disso, consegui com que os críticos gastronômicos das estações de televisão locais aparecessem em encontros de três ou quatro minutos com o proprietário do restaurante ou com o seu *chef*. Conseguimos grande publicidade, mesmo em Nova Iorque, onde esta é muito difícil de ser obtida pelos restaurantes, dada a imensa concorrência que enfrentam. O fato é que os proprietários e *chefs* dos melhores restaurantes em todo o país são eternamente gratos a mim.

Como consequência, nunca tive problemas para conseguir reservas em restaurantes, seja lá onde fosse. Portanto, meus chefes perceberam que a única maneira de conseguir reservas em restaurantes que normalmente eram impossíveis de se conseguir – La Grenouille, La Côte Basque, Lutèce, The Four Seasons – era por meu intermédio. Para os clientes, isso causava um grande efeito. Se fossem de fora da cidade, estivessem acompanhados dos respectivos cônjuges e sua expectativa fosse um jantar romântico em um dos melhores restaurantes de Nova Iorque, eu sempre estava em condições de dizer: "Não se preocupem! Onde vocês querem ir?".

Entrar no Lutèce quando se tem 22 anos e o legendário proprietário André Soltner chegar e o cumprimentar, mas não fazer o mesmo com seu chefe antes que você os apresente e os faça sentirem-se importantes é algo realmente impressionante.

Se tiver oportunidade, tente tirar vantagem do que os profissionais de *marketing* chamam de "efeito halo". Associe sua marca a alguma coisa glamorosa e de valor e, por extensão, você se tornará valioso também.

Claro que minhas conquistas iniciais, em termos do "efeito halo", foram mínimas comparadas às do fundador do Grupo Virgin, Richard Branson. Com apenas 17 anos, Branson transformou um breve encontro com o mundo glamoroso em um império. Com a cara e a coragem, ele e um amigo fundaram uma revista em Londres chamada *Student*. De alguma maneira conseguiram que a então jovem e popular atriz Vanessa Redgrave – o que deve ter sido realmente um grande feito – concordasse em lhes conceder uma entrevista.

> **Associe sua marca a alguma coisa glamorosa e de valor e, por extensão, você se tornará valioso também.**

"A entrevista foi um momento decisivo para nós", escreveu Branson em seu livro *Losing My Virginity* (*Perdendo minha Virgindade*), "uma vez que agora podíamos usar seu nome como um imã para atrair outros colaboradores". De repente, Branson estava entrevistando Mick Jagger e John Lennon, e convencendo os anunciantes, que estavam loucos para alcançar uma audiência jovem, que deveriam investir nele. Ele mal se barbeava e já era um protagonista importante no mundo do entretenimento.

Quando se é jovem, obter acesso a pessoas com poder é essencial. Se você ganha acesso às pessoas importantes cedo, irá aprender bastante e muito rapidamente – e você irá se colocar numa categoria inteiramente diferente dos seus colegas, que se comunicam com elas somente pela hierarquia.

> **Quando se é jovem, conseguir ter acesso às pessoas com poder é essencial.**

TORNE-SE UM PRODUTO COM AS CARACTERÍSTICAS CORRETAS

Claro, fazer-se notar de modo positivo por pessoas com poder é somente o primeiro passo. Você não quer apenas que elas o apreciem na posição em que se encontra, mas também que lhe deem um empurrãozinho para cima. E para isso você deverá construir uma marca que exprima em alto e bom som "mobilidade para cima" (ascensão na carreira).

Como se faz isso?

Com o risco de desagradar os humanistas de plantão, posso afirmar que é inteligente de sua parte se pensar como um produto – um produto caro – porque, no final das contas, é exatamente isso que você é para a sua organização, para o seu chefe e seus clientes. Seu custo deve representar para eles, em termos anuais, uma Mercedes de luxo, e é assim que eles também pensam a seu respeito. Então é bom que você lhes proporcione a alta performance que esperam de uma marca de luxo, pois quem irá querer uma Mercedes pouco confiável?

Ninguém.

Quando se trata de sedãs de luxo, estofamento barato e fraco desempenho não são aceitáveis. Quando se trata de empregados, certas coisas são simplesmente inegociáveis quando estes são considerados para cargos mais altos.

Não importa se você trabalha no setor de *software* ou na indústria do aço, ou se você aspira ter o bom senso e a sociabilidade de Warren Buffett ou a atitude "ruim como o diabo" do Phil Knight da Nike. Se sua intenção for chegar longe, terá de criar uma reputação com cinco qualidades-chave:

- ganhar dinheiro para a organização;
- dizer a verdade;
- ser discreto;
- cumprir suas promessas; e
- fazer com que as pessoas queiram trabalhar para você.

Caso esteja lhe faltando uma dessas qualidades, isso é sinal de que você não tem a marca adequada para uma grande carreira e é muito improvável que alguém irá considerá-lo como tendo potencial para se tornar um executivo.

Consideremos estes pontos-chave da marca, um a um.

TORNE-SE FAMOSO POR "TRAZER O URSO" PARA CASA

A vida organizacional não é diferente da vida dos homens da caverna. Existiam os que caçavam, os que faziam armadilhas, os que tiravam a pele e os que cozinhavam, assim como os engenheiros geniais que inventaram as clavas e as armadilhas usadas por caçadores. Este último grupo, o dos engenheiros, é um pouco amargo, pois ele pensa que nunca têm o reconhecimento suficiente por suas invenções. Eles acreditavam que, se não fosse por eles, a tribo não conseguiria ter o que comer.

Na realidade, todos consideram a própria função como essencial. Por exemplo, aqueles que tiravam a pele – o equivalente das cavernas ao pessoal da área financeira de hoje – realmente acreditavam que cortar a carne e talhá-la superava todas as demais funções. Se as coisas fossem como eles diziam, ninguém gastaria dinheiro em arcos, flechas ou clavas. Eles simplesmente colocariam todos os recursos da tribo em sistemas de pesagem da carne mais precisos.

Mesmo assim, o grande respeito da sociedade das cavernas acabava indo para um tipo de homem das cavernas: os caçadores, que traziam o urso para casa. Em outras palavras, aqueles que geram receitas para a corporação ou que conseguem donativos para organizações sem fins lucrativos ascendem primeiro que os demais.

Portanto, é sempre inteligente, em alguns momentos de sua carreira, trabalhar em setores de produção ou de desenvolvimento, onde você poderá ser diretamente creditado por sua contribuição aos resultados da empresa. Especialmente quando se é jovem, ser um caçador de sucesso pode lhe dar uma grande vantagem em relação aos seus colegas.

Joguei no time de futebol americano do colégio durante um ano. Lembro-me de uma noite quando tínhamos acabado de perder um jogo e voltávamos de ônibus tarde da noite.

Várias pessoas no ônibus estavam batendo papo. De repente o *quarterback* falou: "Olha, os únicos caras que deveriam estar falando são os que jogaram. Aqueles que não jogaram, fiquem quietos".

Muitas organizações têm a mesma atitude. Quando se é jovem e não se tem talento, ninguém vai querer ouvi-lo – a não ser, é claro, que você se torne um jogador titular por meio de uma das três formas a seguir:

- oferecendo sabedoria, habilidade, ideias ou contatos tão excepcionais que os superiores precisarão de você no papel de *consigliere*;
- sendo filho(a) do chefe ou parente de seu cônjuge; e
- pelo caminho mais provável – fazendo-se notar pelas pessoas.

Se você estiver gerando bastante renda para a organização, as pessoas no comando simplesmente terão de ouvi-lo.

> **Para poder ter chances de ser promovido, fique numa posição onde consiga gerar receitas para sua organização.**

Será menos provável que você seja despedido ou dispensado se você for um caçador. É por isso que existem tantos vendedores desagradáveis no mundo: pessoas que vendem são preservadas mesmo que possuam muitos defeitos pessoais. Assim como nas tribos antigas, é permitido aos caçadores ficar sem se barbear, serem rudes ou desleixados.

Obviamente, nada disso significa que você não possa subir para os altos escalões da organização inventando clavas ou pesando carne. Mas neste caso você deverá ter capacidade de fazer com que as pessoas que *trabalham para você* tragam o urso para casa.

Você também tem de demonstrar fé nas habilidades dos caçadores de ursos de toda a tribo. Muitas vezes eu oferecia uma escolha aos jovens executivos que eu gerenciava: a garantia de um salário mais alto ou uma garantia menor, porém um potencial de ascensão maior em função de sua performance. Todos que optaram pela primeira opção não chegaram a lugar algum.

CONVENÇA AS PESSOAS DE QUE VOCÊ SE PARECE COM GEORGE WASHINGTON – VOCÊ NÃO É CAPAZ DE CONTAR UMA MENTIRA

A desonestidade é fatal nos negócios, por uma boa razão. Confiança é o óleo que lubrifica as engrenagens do comércio.

Em 1766, o economista político Adam Smith reparou que a honestidade escrupulosa e os negócios de sucesso caminhavam de mãos dadas. "De todas nações da Europa", escreveu ele, "a Holanda, a mais comercial, é onde mais se pode confiar na palavra".

Smith observou que isso acontecia *porque* seus negócios eram tão abrangentes e ativos que os comerciantes holandeses sabiam que não podiam manchar sua reputação. "Quando uma pessoa faz talvez vinte contratos por dia, (...) a menor mostra de trapaça poderia fazê-lo perder", escreveu Smith.

Mais de 200 anos depois, o eBay opera um vibrante mercado *on-line* baseado exatamente no mesmo princípio. Os compradores podem confiar nos vendedores que não conhecem e que não podem visitar, isso porque compradores anteriores deixaram comentários sobre estes no site. E quanto mais ativo for o vendedor e mais comentários receber, com mais zelo ele vai cuidar de sua reputação e mais confiável provavelmente ficará.

Um vendedor ativo não pode se dar ao luxo de explorar nem mesmo um único cliente. Ao "menor sinal de trapaça", milhares de clientes potenciais fugiriam.

A verdade é que, quando se tem um negócio de sucesso, os riscos da desonestidade tendem a ultrapassar em muito o lucro potencial que eventualmente ela possa trazer. Qualquer negócio estranho, e o resultante êxodo de clientes e de investidores, pode transformar uma grande empresa em pequena, em questão de semanas. Basta considerar o quão rapidamente os valores de mercado da WorldCom e da Enron erodiram após a revelação da desonestidade de seus balanços contábeis.

Tudo isso tem um único significado: qualquer organização para a qual se deseja trabalhar considera as pessoas desonestas um risco com o qual não podem arcar.

Por sorte, logo no início de minha carreira aprendi a seriedade com que as boas organizações tratam até mesmo uma simples mentirinha. Quando tinha 23 anos, eu queria tanto um emprego que coloquei no meu currículo que tinha 25 anos. Na minha cabeça, eu imaginava que queriam alguém mais velho. Isso não tinha o menor sentido.

Consegui o emprego. Depois disso, enquanto preenchia a papelada para o Departamento Pessoal, constatei que praticamente todos os formulários pediam minha data de nascimento. Para meu desespero, descobri que teria que mentir cada vez mais.

Tive então uma grande revelação: simples mentirinhas podem atormentá-lo. Se eu persistisse nessa mentira, teria de acabar convivendo com ela por um bom tempo.

Eu já havia aceitado este emprego e largado o anterior, mas sabia que tinha cometido um terrível erro. Resolvi então ligar para o meu futuro chefe, uma pessoa inteligente e correta chamada Traug Keller, e contei-lhe a humilhante verdade, sabendo que isso poderia me custar o emprego.

Traug ficou bem preocupado. Disse-me que iria pensar no caso e que me ligaria de volta.

No dia seguinte ele me ligou. Ele ainda estava descontente, mas discutiu o assunto com seu superior. E pelo fato de eu ter me adiantado e admitido o que tinha feito, ele iria me aceitar. Entretanto, eles deixaram bem claro que mais uma mentira dessas e eu seria demitido.

Traug, que acabou por se tornar um dos maiores mentores de minha carreira, salvou-me do esquecimento naquele momento particular. Ele evitou também que eu acabasse como Sandy Baldwin, ex-presidente do Comitê Olímpico dos Estados Unidos, que caiu em desgraça depois que mentiu sobre suas realizações acadêmicas, ou como George O'Leary, treinador por um breve período do time de futebol americano da Notre Dame, que pediu demissão após admitir ter exagerado tanto em seus resultados acadêmicos como na sua carreira no futebol da faculdade. Ambos carregaram suas mentirinhas durante *duas décadas* – até conseguirem ser bem-sucedidos o suficiente para justificar a verificação de seus currículos, e então serem pegos.

> **Uma reputação de desonesto acaba com uma carreira.**

Estou certo de que essas mentiras feitas para valorização curricular foram úteis quando inicialmente usadas. Entretanto, por mais vantajosas que elas possam ser a curto prazo, não justificam o que elas podem lhe custar em termos de sua carreira a longo prazo.

Diga à sua assistente que o seu corte de cabelo ficou ótimo, mesmo quando isso não for verdade, mas não minta quando se tratar de seu emprego. Não há talento, inteligência ou resultados que o salvem se assim o fizer.

TORNE-SE FAMOSO POR SEU SILÊNCIO À *GRETA GARBO*

Recentemente disseram para mim: "Informação é poder somente se você a passar para frente".

Isso me parece uma maneira particularmente inocente de olhar a informação. Frequentemente, é mais vantajoso quando você *não* passa a informação adiante, quando você simplesmente guarda algo para si que você, e apenas você, saberá o que fazer com ela.

Este é um grande argumento em favor da discrição.

O segundo grande argumento é que, se for indiscreto, ninguém com algum poder irá confiar em você. Embora seja agradável fofocar, principalmente sobre colegas que você não gosta, já vi um número suficiente de pessoas estragarem suas reputações ao dizerem algo em público que não deveriam ter dito, para acreditar que, muitas vezes, é mais inteligente manter certas opiniões consigo.

Como talvez você imagine, esta é uma lição que tive de aprender da forma mais difícil.

Por exemplo, certa vez tive um chefe que eu considerava um verdadeiro tolo. E quando fui informado que não iria mais trabalhar com ele, cometi o erro de informá-lo do quão feliz estava por isso – sem reservas.

Eis que, três anos mais tarde, fui novamente alocado para trabalhar com ele. Sua memória era particularmente aguçada e minha vida virou um inferno. De repente, meus relatórios de despesas tinham de passar pelo seu pente fino. Eu não tinha mais autoridade para aprovar despesas. Todas minhas ideias não tinham valor. Era o equivalente a ter a ex-sogra como chefe. Tortura total, dois anos inteiros disso por cinco minutos de prazer em dizer na cara dele o que eu pensava a seu respeito.

Felizmente o resultado deste incidente particular de falta de tato não foi nada mais que prejudicar a mim mesmo.

Se aquilo fosse tudo que estava em jogo – um pequeno embaraço pessoal, algum declínio na reputação pessoal para aqueles que falam o que não se deve –, ninguém consideraria discrição uma qualidade particularmente importante. Mas isso não é tudo o que está em jogo. Se você for o tipo de pessoa que rotineiramente fala mais do que deveria, no lugar errado e para a pessoa errada, isso pode acarretar à sua empresa um custo enorme em termos financeiros e de respeito.

Por exemplo, a John Hancock teve, em certa época, um bom relacionamento com uma empresa de consultoria, nacionalmente aclamada, à qual pagava US$ 7 milhões por ano. Era um grupo muito forte que tinha se infiltrado em nossa organização como gafanhotos. Cada vez que você abrisse uma porta, encontrava um deles.

Em certa oportunidade, esta empresa de consultoria promoveu um seminário, fora do local de trabalho, para seus sócios seniores, e alguém de nível hierárquico inferior fez uma apresentação muito inteligente na qual chamava de idiota dois ou três executivos da Hancock e mostrava um plano para tirar vantagem de nossa estupidez. A ideia era incrementar as receitas com a Hancock passando de US$ 7 milhões por ano para US$ 12 milhões, sem um correspondente aumento de custos para a consultoria. O apresentador calculava que a margem de lucro passaria de 28% para 50%.

E, providencialmente, ele disponibilizou cópias impressas de sua apresentação para todos os participantes. Muito provavelmente, alguém esqueceu uma cópia sobre sua cadeira e a pessoa que a encontrou colocou seu conteúdo na internet, através da qual esta chegou até nós. A melhor parte foi que o então presidente do conselho da John Hancock soube que seus bem pagos consultores julgavam-no um imbecil.

Um erro. O presidente era brilhante e implacável.

Eu disse a ele que iria cuidar do caso.

Convoquei então o sócio mais antigo da consultoria, não aquele que havia feito a apresentação. Ele chegou à minha sala, oferecemos café a ele, este se acomodou complacentemente, certo de que iríamos lhe dar os US$ 5 milhões extras que sua companhia queria. Em vez disso, ele recebeu uma injeção de gasolina e saiu de lá feito um foguete, sabendo que tinha perdido cada centavo dos US$ 7 milhões que sua companhia estava recebendo.

Às vezes, o custo de falar excessivamente é ainda maior que isso. Por exemplo, em 2001, o CEO da Cerner Corp fez com que os preços das ações de sua companhia caíssem 21% em apenas três dias ao dar vazão, de modo indiscreto, a opiniões próprias em um *e-mail* a seus funcionários. Reclamando que o estacionamento estava muito vazio e que os empregados não estavam trabalhando um número suficiente de horas, ele escreveu: "O Inferno vai congelar antes que este CEO implemente QUALQUER OUTRO BENEFÍCIO para os FUNCIONÁRIOS que continuarem com este tipo de mentalidade e comportamento". Ele prossegue: "O que vocês estão fazendo, como gerentes, com esta companhia, me deixa LOUCO". Graças à sua linguagem histérica, o *e-mail* foi um prato cheio para ser postado na internet. E imediatamente fez com que os investidores quisessem vender suas ações mesmo com perdas.

Embora a tentação de ser indiscreto provavelmente remonte ao tempo das cavernas, vivemos numa época em que a chance de qualquer indiscrição não ser punida é mínima e cada vez menor. A tecnologia permite facilmente pegar no ar suas palavras impensadas de uma conversação privada e transformá-las numa notícia pública.

Os correios de voz indiscretos que você deixa, por exemplo, podem ser transmitidos para qualquer pessoa na sua organização – algo que aconteceu comigo uma vez, quando uma colega, que não gostava de mim como deveria, apertou "acidentalmente" um botão errado no seu telefone.

Os memorandos indiscretos que você escreve podem ser colocados em poucas horas em *sites* da internet e em salas de *chat*.

Os *e-mails* indiscretos que você envia não somente podem ser facilmente repassados adiante, e serem interceptados pelos seus superiores, como também serem facilmente recuperados mesmo depois de apagados. A história tem mostrado que eles podem ser utilizados por órgãos fiscalizadores e promotores públicos, causando um monte de problemas tanto a você como à sua empresa.

Um dos problemas do *e-mail* em particular é que ele é rápido e é uma atividade solitária, encorajando bravatas. As pessoas tendem a dizer coisas num *e-mail* que nunca diriam pessoalmente. Tente resistir à tentação de se mostrar poderoso sem o ser na realidade. Não escreva nem grave qualquer coisa que você não queira que se transforme numa intimação ou que venha a ser divulgada.

> **Indiscrições podem custar muito caro para uma organização, então se torne conhecido pela sua excelência em discernir o momento justo de falar ou de ficar calado.**

E, por fim, os custos organizacionais de uma simples indiscrição podem ser tão altos – você pode comprometer um processo de fusão de empresas, arruinar a marca da sua empresa, tirar o emprego de seu CEO – que se você ganhar a reputação de ser indiscreto, poderá muito bem acabar tendo que fazer suas malas. Você não terá uma carreira que valha a pena. Se, por outro lado, você conquistar uma reputação de alguém capaz de manter um segredo e de discernir o momento justo de falar ou de ficar calado, as pessoas que detêm o poder vão querer você por perto.

CONQUISTE UM NOME COMO O EQUIVALENTE HUMANO DA FEDEX: SEMPRE ENTREGUE NO PRAZO

Tal como discrição e honestidade, cumprir suas promessas é uma questão de confiabilidade. Se prometer demais e entregar menos, você não irá se tornar confiável para seus chefes e acabará não chegando a lugar algum. Se você disser: "Vou cumprir esta meta de vendas", terá simplesmente de fazê-lo, por meios legais e éticos.

De fato, o uso sensato de promessas que se *possa* cumprir pode impulsionar sua carreira mais rapidamente do que qualquer outra coisa, com exceção de "trazer o urso para casa". Prometer algo que seus colegas mais tímidos julgam impossível irá distingui-lo no grupo, desde que você cumpra a promessa.

Será que você consegue fazer coisas que os outros não conseguem? Esta é uma das questões que determinará o quão alto subirá na carreira.

Certa vez fiz uma promessa a um chefe, na época em que atuei no setor da propaganda, que eu sabia requerer muita delicadeza e reflexão para ser cumprida. Um dos melhores amigos do chefe trabalhava para a agência e não estava tendo um bom desempenho. Cada um deles havia sido convidado para o casamento do outro, porém agora ele teria de ser dispensado.

Prometi ao chefe que tomaria conta do caso de forma que o seu amigo não o acusasse por isso.

Liguei para esse amigo dele. Ele era muito arrogante em função do seu estreito relacionamento com o chefe.

"Então, que serviço você está me oferecendo?", perguntou ele.

"Você não tem mais emprego", eu disse.

Ele ficou atônito.

Expliquei meus problemas com sua falta de ética no trabalho e prossegui: "Se você relutar a este respeito", eu disse, "irei lhe dar a indenização padrão, nada mais. Mas caso acate minha decisão, lhe darei o dobro".

Então completei: "Caso decida procurar o chefe para reclamar, você correrá o risco de não ter o seu apoio. E mesmo que ele o apoie, você ficará somente até que eu ascenda o suficiente para ter um poder de decisão maior do que o dele. E, neste caso, o acordo de indenização será substancialmente menor que aquele que estou lhe propondo hoje".

Ele ponderou os riscos e aceitou o acordo.

Então ele pôde salvar as aparências – ele simplesmente disse ao meu chefe que havia decidido partir. Ficou bem para o chefe também, pois todos sabiam que já era tempo de o sujeito sair, embora, pessoalmente, isso fosse difícil para o chefe.

Pelo fato de eu ter me disposto a ser o homem mau naquela ocasião, cumpri minha promessa e aumentei a estima por mim de alguém que tinha minha carreira em suas mãos.

> **Para elevar rapidamente sua marca pessoal, faça promessas audaciosas e as cumpra.**

Os dois são amigos até hoje. E o amigo do meu chefe ainda pensa que eu sou um estúpido, uma cruz que parece que terei de carregar.

TORNE-SE O TÉCNICO POR QUEM OS JOGADORES QUEREM JOGAR

Quase todo mundo começa sua carreira gerenciando uma tarefa simples. Daí se começa a gerenciar mais de uma tarefa e as pessoas começam a chamar essas tarefas de projeto. Após algum tempo, começamos a gerenciar pessoas que gerenciam projetos. Este é o ponto no qual essas *pessoas* tornam-se seu projeto.

Por fim, você acabará gerenciando pessoas em diferentes áreas, muitas vezes áreas com as quais não tem familiaridade. Então você passa a uma situação onde a função de gerenciar assume dimensões exponenciais. Nesse ponto, a habilidade de você fazer as coisas pessoalmente é relativamente insignificante. Será por sua habilidade em fazer as coisas acontecerem, por meio de outras pessoas, que você será pago.

> **Você deve criar uma reputação de líder, pois em algum momento sua habilidade de fazer coisas pessoalmente se tornará insignificante. O que importará então será conseguir com que outras pessoas as façam.**

E a diferença entre o que pode ser alcançado por um grupo que está só fazendo o mínimo e outro que faz um esforço extra por você é enorme. A história do Boston Celtics na última década oferece um excelente exemplo.

Em 2001, um time talentoso foi perdedor por três temporadas e meia sob o comando do técnico Rick Pitino. Pitino tinha sido um legendário técnico de basquete universitário, mas muitas pessoas acreditavam que sua microgestão e seu estilo autoritário não davam certo com adultos que se prezam. Parecia que os jogadores simplesmente não jogavam por ele.

Pitino deixou o time na metade da temporada de 2001 e seu assistente, Jim O'Brien, assumiu o cargo. Na primeira temporada completa de O'Brien, o time teve sucesso nas finais da Conferência Leste da NBA pela primeira vez em 14 anos, o início da recuperação dos Celtics. A diferença aparente era que O'Brien tratava os jogadores como colaboradores, e não como crianças perdidas, e estes passaram a querer dar tudo por ele. O defensor do Celtics, Tony Delk, disse à imprensa: "O técnico O'Brien nos respeita e, em troca, nós o respeitamos".

Seus superiores vão perceber se seu time está querendo jogar por você ou não. Você não irá tão longe quanto deseja caso não estabeleça uma reputação de líder.

Infelizmente, poucas coisas são mais difíceis de se conquistar do que esta. A tarefa mais complexa que alguém pode enfrentar numa carreira é gerenciar outras pessoas. Só há uma coisa mais complexa, que é criar filhos. A diferença é que as pessoas no local de trabalho *têm* de ouvi-lo.

Eu sou a última pessoa que poderia ser chamado de um grande gerente, mas aprendi algumas regras simples sobre como liderar uma equipe que parecem ajudar:

Primeiro, trata-se de pessoas e não de teoria. Embora ache interessantes muitas teorias de administração que existem por aí – "O Gerente Minuto", *managing by walking around*[4] (ênfase no contato interpessoal), gestão da qualidade total –, os melhores gerentes não são os melhores estrategistas. Eles são as pessoas que descobriram como tirar o máximo daquilo que é, provavelmente, um grupo bastante heterogêneo de colaboradores. Meu conselho é: tente encarar as pessoas que gerencia como indivíduos. Com algumas pessoas será preciso um chicote, uma espingarda e uma cadeira.

---

[4] Técnica de comunicação face a face em que os administradores ficam circulando por áreas de trabalho e conversam informalmente com funcionários sobre problemas e preocupações. (N.T.)

Com outras, torrões de açúcar e conversas informais. Flexibilidade é sinal de liderança.

Segundo, procure conhecer aquilo que desconhece. Não é sua obrigação ser um *expert* em tudo, e você não será eficiente caso insista em achar que é. Em vez de tentar ensinar seus subordinados como fazer seus trabalhos, é bem mais inteligente contratar pessoas com grandes habilidades, que acabarão lhe ensinando alguma coisa e que poderão lhe dar opiniões e conselhos em assuntos que você desconhece. Reconheça que será preciso ter pessoas com *expertise* em diversas áreas. Reconheça também que é pouco provável haver um grupo homogêneo, e certifique-se de não se cercar por pessoas que pensam e agem como você. Reconheça também que nem todas as pessoas que trabalham para você são aquelas que você convidaria para jantar em casa.

Terceiro, uma reputação de ser razoável é tudo. Antes de as pessoas lhe mostrarem do que são capazes, você deve inspirar confiança. É preciso ouvi-las, valorizar suas ideias e tratá-las respeitosamente. É preciso provar a elas que, se fizerem um bom trabalho para você, serão reconhecidas e premiadas por isso. E a razoabilidade de sua parte se tornará mais significativa para elas quanto mais você subir na escala hierárquica e mais poder tiver para ser *in*justo.

A fórmula para uma marca pessoal de sucesso é bem simples: torne-se mais consciente de si. Seja notado pelas pessoas com poder. Desenvolva qualidades que sugiram que você está progredindo e tem grandes chances de ser bem-sucedido.

Eis uma coisa que não é simples: convencer seu superior imediato a lhe dar a oportunidade de demonstrar essas admiráveis qualidades.

> **Eis aqui algumas ideias simples para adicionar liderança à sua marca:**
> - são pessoas e não a teoria;
> - procure conhecer aquilo que desconhece; e
> - uma reputação de ser razoável é tudo.

No próximo capítulo, irei discorrer sobre as regras básicas de conduta para o mais significativo e tenso relacionamento da sua vida profissional: o relacionamento com seu chefe – aquela pessoa frequentemente problemática que lhe dá tarefas, analisa suas realizações, decide quanto você vale monetariamente e determina, em grande parte, como você é visto pela organização.

REGRA 2

GOSTE OU NÃO, SEU CHEFE É O COAUTOR DE SUA MARCA

Aceite o fato de que você tem de pagar seus tributos na vida organizacional. Durante a maior parte de sua carreira, é presumível que seus chefes obterão os créditos por suas ideias, consumirão sua energia, desviarão para si a atenção positiva que seus esforços atraem e, para fechar com chave de ouro, exigirão muita bajulação da sua parte. É muito provável que você passe grande parte de sua carreira "fazendo chover"[5] e trazendo enormes resultados para sua organização enquanto aqueles que estão no seu comando ficarão com a parte do leão. Você paga seus tributos várias vezes.

É assim que funciona uma organização. Os mais velhos da tribo comem antes.

> Aceite o fato de que você tem de pagar seus tributos. No começo da carreira, você trará muito dinheiro para a empresa e suará muito enquanto seus superiores abocanharão a maior parte dos méritos.

---

[5] Tradução literal. Alusão a *rainmaker*, pessoa que consegue vários clientes para uma empresa, com consequente geração de receitas, que faz com que a empresa tenha grande sucesso. *Oxford Business English Dictionary*, OUP. (N.T.)

Se não conseguir aceitar isso, há somente uma coisa a fazer: abra seu próprio negócio, pois assim você estará no topo da cadeia alimentar.

Caso contrário, você simplesmente não terá condições de lutar contra a estrutura de poder. E decidir tentar fazer isso é extremamente perigoso, porque ninguém tem mais influência sobre a qualidade de sua vida que seu chefe – nem mesmo, argumentaria eu, seu próprio companheiro.

Seu chefe geralmente tem muito mais a dizer sobre sua vida que seu cônjuge, porque ele controla a maior parte do seu tempo, quando acordado, e provavelmente também requer a maior parte da sua atenção. Some o tempo que você passa com ele, ou passa pensando sobre o seu chefe ou desejando ter um outro. Se seu cônjuge solicitá-lo psicologicamente neste mesmo grau, é provável que você já esteja divorciado.

Seu chefe também determina quanto dinheiro você ganha, que tipo de experiência acumulará, quanta autoridade terá, qual será o próximo passo de sua carreira ou se você será enviado para Paris, na França, ou Paris, no estado americano do Maine.

E se seu chefe tiver certo respeito dentro de sua organização, ele terá o tipo de controle mais significativo sobre seu futuro. *Em grande parte, seu chefe controlará sua marca pessoal.*

Dentro do círculo de pessoas que podem realmente fazer sua carreira avançar, sua imagem está inteiramente nas mãos do seu chefe. Isso decorre do fato de que uma organização é um sistema de castas. Assistentes de vice--presidentes falam com assistentes de vice-presidentes. Vice-presidentes falam com vice-presidentes. Vice-presidentes seniores falam com vice-presidentes seniores. E não importa o nível em que seu chefe esteja, ele provavelmente estará falando a seu respeito para os colegas dele.

A separação em castas significa que suas conquistas podem lhe trazer uma reputação entre seus subordinados e colegas, e outra no mundo do seu chefe. Lá, no meio dos maiorais, sua marca pessoal é menos dependente das evidências objetivas de seus sucessos ou falhas e mais dependente das coisas subjetivas que seu chefe diz a seu respeito.

Por exemplo, se você conseguir algo espetacular e seu chefe lhe for grato e quiser lhe dar um impulso, ele pode colocar seu feito desta maneira: "Foi ideia dela. Ela realmente trouxe para si a responsabilidade sobre o grupo e fez um grande trabalho".

Se, por outro lado, o chefe não gostar de você ou estiver inseguro com relação às suas habilidades ou com medo de perdê-lo, ele poderá colocar sua performance desta maneira: "Sim, era uma grande ideia, mas não dela. Outros caras tiveram a ideia e ela simplesmente a utilizou – mas você não pode imaginar a dificuldade para ela ser colocada em prática. Não que ela não tenha talento, mas dada a quantidade de recursos empregados e o número de pessoas que ela irritou, não tenho certeza se valeu a pena".

Pessoas podem ser subavaliadas rapidamente desta maneira. E caso eu seja um colega de seu chefe não envolvido na questão, toda *minha* impressão sobre seu último ano de trabalho se baseará apenas naquela conversa.

Este é o verdadeiro poder. Você fez o trabalho em ambos os casos. Mas seu chefe determina de que forma ele será comentado e, portanto, em que grau você será recompensado por ele.

Mesmo que seu chefe seja igual a alguns dos chefes que tive em minha carreira – um idiota cujas habilidades são ilusórias –, este poder é completamente real e deve ser respeitado. Então isso faz com que você tenha de gerir seu relacionamento de forma inteligente, não importa quem seu chefe seja.

Isso nem sempre é fácil. No meu caso, quase sempre foi muito difícil. Sempre tive um objetivo na vida: ter o mínimo de pessoas na posição de poderem me obrigar a fazer uma coisa que eu não queira. Receber ordens sempre me pareceu pouco natural.

> **Seu chefe decide como seus resultados serão vistos pelos níveis superiores. Mesmo que ele seja um idiota, o poder é real, então lide com ele com cuidado.**

Mas a relação com o chefe é sempre inevitável. Mesmo empreendedores têm de responder aos capitalistas de risco e os CEOs aos conselhos de administração e acionistas.

O primeiro passo no sentido de administrar o relacionamento de forma inteligente é considerá-lo sob o ponto de vista do chefe. Façamos uso de uma frase de Freud: o que os chefes querem?

Eles querem que você faça bem seu trabalho, evidentemente. Mas há um pressuposto: que você saiba o que está fazendo. É isso que lhe permite manter um emprego. Serão

> **Os chefes querem três coisas:**
> - **lealdade;**
> - **boas opiniões; e**
> - **ter suas marcas pessoais lustradas.**

necessárias outras qualidades, caso pretenda desenvolver o tipo de marca que permitirá sua ascensão.

A questão realmente relevante é se seu chefe confia ou não em você.

CHEFES QUEREM LEALDADE

Mais do que qualquer coisa, chefes querem lealdade – não lealdade cega, mas uma forma apropriada de lealdade. Isso ocorre porque os chefes, lá no fundo, são assustados. Às três horas da manhã, de olhos abertos, muitos deles não acreditam como conseguiram chegar tão longe. De dia eles realmente pensam que merecem estar no comando, mas no meio da noite, eles não estão tão certos disso. Então eles querem estar certos de que as pessoas a eles subordinadas não estão tentando eliminá-los.

> **No inferno, não há maior fúria que a de um chefe desprezado. Não fale negativamente de seu chefe para seus colegas de trabalho.**

Isso significa que, com a exceção de ir atrás da mulher ou do marido do chefe, o melhor método de suicídio na vida organizacional é falar mal dele para os outros. Todos conhecem o ditado: "No inferno, não há maior fúria do que aquela de uma mulher desprezada". Bem, há um acima deste: "No inferno, não há *realmente* maior fúria do que aquela de um chefe desprezado". Seu chefe encontrará um jeito de destruí-lo. E mesmo seus colegas, embora possam encorajar esse tipo de conversa, irão usá-la contra você. Afinal de contas, é vantajoso para eles que haja menos peixes no aquário.

Eu já vi isso acontecer milhares de vezes. Por exemplo, certa vez trabalhei com um sujeito – vamos chamá-lo de "Doug" – que realmente fazia um trabalho fantástico vendendo os serviços da corporação em todo o país. Mas ele ganhou fama por passar por cima de seu chefe e contar ao chefe do chefe o quanto ele tinha feito, chegando ao ponto de falar mal de seu chefe direto.

Doug era ótimo no seu trabalho, mas ele não entendia como funcionava a estrutura de poder. E – surpresa – ele acabou sendo transferido, de uma hora para outra, para uma divisão internacional, que rapidamente o enviou para um canto obscuro do mundo, um local do qual nunca mais emergiu. Ele trabalhou anos em busca de uma promoção para acabar sendo chutado para outro planeta.

Doug claramente não entendia que falar mal de seu chefe o colocaria numa corrida contra o tempo. Antes de seu chefe atingi-lo, ele teria de convencer o chefe do chefe que era mais importante que seu superior direto. E isso não aconteceu.

De fato, no caso de sentir-se tentado a fazer o mesmo, pense que isso quase nunca acontece. Não só porque o chefe do chefe não estará necessariamente interessado em quebrar a hierarquia apenas para beneficiá-lo. Também porque ele está atento ao fato de que, se você propositalmente trai seu superior, certamente não terá escrúpulos em fazer o mesmo com ele. Você ficará marcado como tendo um caráter perigoso na ótica dos seus superiores.

Isso significa que, mesmo que seu chefe mal seja digno de respeito, você lhe deverá certa reverência enquanto estiver interessado em manter seu emprego.

> **Cuidado ao fazer reclamações de seu próprio chefe para o superior dele. Você acabará criando uma reputação de deslealdade entre os executivos seniores que não será boa para você.**

Claro que os chefes que *mais* merecem respeito são aqueles que são suficientemente seguros para não exigir uma tremenda mostra de lealdade a eles próprios. Em vez disso, eles querem que você demonstre lealdade à organização.

CHEFES QUEREM BONS CONSELHOS

Bons conselhos são muito difíceis porque os tipos de pessoas que são capazes de oferecê-los são relativamente raros na vida organizacional.

Sabendo disso ou não, todos os chefes inteligentes separam instintivamente as pessoas que eles gerenciam em três categorias distintas: os bajuladores, os "do contra" e o pequeno porcentual de funcionários que são indivíduos

> **Há três tipos de personalidades corporativas:**
> - **os bajuladores;**
> - **os "do contra"; e**
> - **os indivíduos equilibrados.**

equilibrados. Somente estes últimos oferecem alguma opinião que valha a pena ser ouvida. E se seu chefe tiver bom senso, somente estes terão a oportunidade de ascender.

Vamos considerar estes três diferentes tipos de personalidade nas corporações e os problemas ocasionados quando somos categorizados erroneamente.

OS BAJULADORES: NÃO SEJA IGOR[6]

Na minha experiência, cerca de 70% dos funcionários de qualquer organização são bajuladores.

Claro, grande parte deles não *sabe* que são bajuladores. Eles racionalizam para si próprios que na verdade não são lambe-botas. Estou certo de que ao retornarem às suas casas, para seus maridos e esposas, se gabam de terem enfrentado o chefe. E eles podem ser muito espertos em disfarçar sua subserviência – pelo menos para si próprios. Essas são as pessoas que constantemente dizem: "Bem, chefe, normalmente eu não iria concordar com você num assunto como este, mas neste caso tenho de fazê-lo".

E a verdade é que eles *sempre* concordam com o chefe. Eles concordam por concordar.

Por que são eles tão covardes? Porque esta é a forma de ganhar a proteção de alguém mais forte que eles – ou, pelo menos, evitar a sua hostilidade explícita.

Bajulação extrema tem sido também observada em animais, particularmente em lobos e macacos em cativeiro, quando o mais fraco não pode mais fugir da frustração sexual do mais forte. Um lobo mais fraco passivamente se rola sobre suas costas quando um lobo mais forte se aproxima ou pode ser extremamente amistoso com lobos mais fortes, balançando a cauda tão fortemente que todo seus quartos traseiros balançam. O cientista L. David Mech descreve a postura que esses lobos bajuladores adotam perante seus superiores como uma "falta de desafio". Esta é uma boa descrição que também se aplica ao comportamento daqueles animais mais fracos no cativeiro corporativo.

---

[6] Igor é o assistente corcunda do Dr. Frankenstein (N.E.).

Extrema submissão realmente foi documentada em humanos sob estresse. Considere, por exemplo, a famosa Síndrome de Estocolmo, o fenômeno psicológico no qual reféns tornam-se estranhamente simpáticos às pessoas que os estão vitimando. A mais famosa vítima americana da Síndrome de Estocolmo foi Patty Hearst, a herdeira de um império jornalístico que foi raptada em 1974 por um grupo radical que se intitulava Exército de Libertação Simbionesa. Após ser aterrorizada e humilhada por eles, ela aderiu à sua causa e acabou ajudando-os num roubo a banco.

Muitas pessoas no ambiente corporativo tornam-se bajuladores porque elas, também, estão sofrendo da Síndrome de Estocolmo. Estão tão inseguras que não conseguem se defender – é mais fácil concordar com tudo que o chefe diz do que enfrentar o medo do que este poderá fazer caso não esteja satisfeito.

Outras pessoas são bajuladoras não porque estão realmente aterrorizadas, mas porque são naturalmente conservadoras e avessas ao risco. E *é muito mais provável ficar vivo no mundo corporativo quando você concorda com tudo que o seu chefe diz.* Você conseguirá estender ao máximo o seu tempo de permanência na empresa. Portanto, pessoas tomam a decisão de se contentar em se manterem estáveis. Elas basicamente decidiram que são parte de um grupo, o grupo dos Bajuladores.

O objetivo, para a maioria, é permanecer sem ser notado. Enquanto forem razoavelmente proficientes em seus empregos e mantiverem sua cabeça abaixada, é menor a probabilidade de elas serem mandadas para fora da classe do que aquela de alguém que fala o que pensa. Elas querem o tipo de carreira em que serão recompensadas com aumentos de 3% a cada ano, bons benefícios e um plano de aposentadoria que valha a pena. *Não são, absolutamente, estas as pessoas para as quais eu estou escrevendo este livro.*

Claro, caso decida que a subserviência é a mais inteligente de todas as possíveis estratégias para construir uma marca, talvez você possa se dar bem. Você se tornará o Igor de alguém, o sujeito operacional que apanha as partes do corpo para o cientista louco responsável pela organização. Entretanto, eu diria que suas chances de obter um cargo com algum poder é de 1 em 1000. E o seguinte também é garantido: caso consiga um emprego desses, certamente você será odiado e mal visto ao exercê-lo.

Você também certamente não trabalhará para aquelas pessoas mais sensatas. Os bajuladores frequentemente adicionam uma nota bizarra à vida dos executivos que pessoas inteligentes não apreciam. Por exemplo, houve um presidente da John Hancock que certa vez mencionou casualmente para os gerentes, em uma reunião, que ele tinha gostado da música de harpa em um determinado evento. Durante os anos seguintes, em cada evento, havia uma harpa. Finalmente, intrigado, o sujeito disse para mim: "David, por que todas estas harpas?".

Os chefes mais sagazes entendem que os bajuladores não são apenas irritantes; eles são realmente perigosos. Em termos gerais, eles farão um uso excessivo daquilo que você diz, farão mais do que você pede e usarão seu poder para dar uma cacetada em qualquer um ao seu redor.

> Não seja um puxa--saco. Chefes perspicazes sabem que os bajuladores são perigosos porque exageram ao cumprir qualquer coisa que lhes é solicitada.

Certa vez disse para alguns de meus subordinados: "Não sei bem se a estrutura de comissões nesta área me agrada. Acho realmente que devemos reexaminá-la".

A próxima coisa que soube é que havia ocorrido uma rebelião na área de vendas pelo fato de suas comissões terem sido cortadas. Claro que eu não *disse*: "Cortem as comissões", mas sim: "Não estou seguro de que elas estejam corretas. Prestem atenção na situação atual". Mas numa tentativa de me agradar essas pessoas foram em frente e acabaram criando uma confusão. Um tipo mais útil de funcionário teria vindo a mim e dito: "Examinamos a questão e achamos que você está errado. As comissões são perfeitamente razoáveis".

Não desenvolva uma reputação de bajulador. Não permita que você seja visto como alguém que tem medo de falar o que pensa. Isso lhe dará a reputação de medíocre, e você nunca conseguirá ir tão longe quanto deseja.

OS "DO CONTRA": NÃO SEJA AMARGO

Vamos falar sobre o próximo tipo de personalidade pela qual você não quer ser marcado: o "do contra".

Os "do contra" têm igualmente uma visão distorcida como os bajuladores, mas com efeito oposto. Eles sempre começam suas observações com "Permita-me ser o advogado do diabo neste caso". Eles são os 10% da população de qualquer organização que acredita que a maneira de serem verdadeiros consigo próprios e de se sobressaírem é discordarem de tudo que o chefe diz. Em outras palavras, eles discordam por discordar.

O chefe começa a se aborrecer quando essas pessoas vêm ao seu escritório porque é sempre uma experiência desagradável.

Essas pessoas não são "do contra" porque têm um caráter contencioso que gosta de uma boa argumentação. Não, elas contrariam porque realmente desprezam o chefe. Caso ocupe alguma posição de autoridade, elas realmente não gostam de você.

Por quê? Na maioria dos casos, porque são intelectualmente superiores ao chefe. Quase sempre tiveram uma educação melhor. E não entendem como o chefe conseguiu chegar onde está. Elas imaginam: "O que aconteceu comigo?".

Darei crédito a elas: essas pessoas não têm medo. Mas são tão inúteis quanto os bajuladores. Primeiro, você pode obter alguma informação interessante de mexericos feitos pelos "do contra", mas isso não é aconselhável. A avaliação destes, sobre qualquer situação, é muito influenciada pela sua visão amarga para ser realmente de algum valor.

Segundo, tal qual os bajuladores, eles são perigosos em ação. Na realidade, são ainda mais perigosos que os primeiros, que fazem o que você não quer, num esforço para satisfazê-lo. Os "do contra", quando você decide que *quer realmente* fazer alguma coisa, ficam todo o tempo tentando, por detrás, desembaraçar-se da tarefa.

Finalmente, os "do contra" tendem a gastar muitos dos benefícios oferecidos pela empresa em psicólogos, esperando que alguém cure seu incurável sentimento de frustração, e em médicos, por terem um temperamento tão "amarrado" – como diria minha avó. Eu prescrevo leite de magnésia para todo o grupo.

Espero que sua visão otimista da vida o coloque bem longe desta categoria de empregado, pois caso seja tachado de "do contra", muitos chefes aplicarão todos os seus esforços tentando descobrir como se livrar de você. Mas mesmo as personalidades menos neuróticas podem arruinar suas reputações cometendo um clássico erro dos "do contra": acharem que, no meio empresarial, o intelecto se sobrepõe a todas as demais qualidades.

> **Evite a armadilha dos "do contra". Não ache que somente sua inteligência brilhante é suficiente para levá-lo ao topo. Não é. Você precisará, além de cérebro, do tipo certo de caráter.**

A verdade é: toma-se como certo que você é inteligente. Cerca de oito milhões de americanos têm o QI superior a 130.

Pessoas com QI 135 ou 140 são tão comuns na vida das organizações como café ruim. Elas estão em todo canto.

Seu cérebro e sua educação lhe garantem nada mais que a chance de ter sucesso. Você precisará ser considerado algo *além de inteligente* caso queira ir para frente. Você terá de demonstrar o tipo certo de caráter. Terá de adicionar à sua marca os atributos do terceiro grupo de personalidade: os indivíduos equilibrados.

PERSONALIDADE EQUILIBRADA: NEM TANTO AO CÉU, NEM TANTO À TERRA, APENAS NA MEDIDA CERTA

Pessoas com uma personalidade equilibrada – costumeiramente 20% dos colaboradores de uma organização – têm a coragem de dizer ao chefe quando este está certo ou errado. Eles fazem isso com respeito. Sua opinião é baseada em fatos. Ela tem mérito. Para um chefe inteligente, essas opiniões valem mais que ouro. Em organizações saudáveis, somente as pessoas com reputação de terem personalidade equilibrada chegam ao topo.

Normalmente, leva-se tempo para se tornar uma destas pessoas. É preciso trabalhar para chefes dos mais diferentes estilos para discernir quais estão querendo prestar atenção em você e quais não. É preciso observar seu chefe lidando com o chefe dele para ver como isso é feito ou para aprender como não se faz. É necessário também ter trabalhado tempo suficiente para desenvolver uma verdadeira concepção

> **Desenvolve a reputação de ser equilibrado quem é capaz de dar conselhos nos quais vale a pena confiar.**

do seu próprio valor e ter confiança suficiente em suas opiniões para divergir quando seu chefe estiver errado.

Há também arte em dar conselhos, e você terá de aprendê-la.

Uma determinada pessoa que me disse certa vez que eu estava totalmente errado em uma questão era uma daquelas que tinha muito a aprender sobre esta arte. Eu disse a ela que discordava do seu ponto de vista e lhe perguntei por que ela achava que eu estava errado.

A pessoa continuou dizendo que era muito mais inteligente que eu naquele assunto em particular, e não ligava para o que eu pensava. Hum... vamos rever a capacidade de influência aqui.

Demonstrei a ela que não interessava o quanto inteligente ela era.

Ela perguntou: "Por que não?".

Respondi então: "Porque sou eu quem tem o poder".

Oh!

Eu tinha o poder de dizer sim ou não e ela tinha somente o poder para dar conselhos. Mas seu conselho já não era mais útil porque a decisão já havia sido tomada e, nesta situação, ele deveria aprender a executar o que havia sido decidido.

Timing é importante. É preciso descobrir quando é apropriado falar e quando a situação está muito adiantada para ser desafiada. Caso se sinta muito confiante sobre algo, mesmo depois que as decisões foram tomadas, é interessante dizer: "Desculpe-me, não concordo com você, mas certamente farei o que me pediu". É preciso deixar claro para o chefe que você respeita o direito de ele dar a última palavra.

Se, entretanto, a decisão do chefe envolve qualquer coisa ilegal, você tem simplesmente de resistir, mesmo se isso custar seu emprego. Caso contrário, isso vai custar sua carreira mais para a frente.

> **Aprenda a arte de dar conselhos. Faça isso antes que a decisão tenha sido tomada, e não depois, quando fica parecendo que você está desafiando a autoridade do chefe.**

Troy Normand, por exemplo, certamente pagou um alto preço ao falhar em lutar, de forma mais dura, contra o mau julgamento de seus chefes no caso da WorldCom, onde a maior fraude contábil da história veio à tona em 2002. Normand era membro do *staff* financeiro da WorldCom. De acordo com a minuta de uma reunião liberada para uma comissão de investigação do congresso, Normand disse que ele tinha questionado as práticas contábeis de seus superiores e considerou sair da empresa por conta disso, mas acabou "não comunicando suas preocupações... porque ele estava preocupado com seu emprego e tinha uma família para sustentar". Este era definitivamente um acordo com o diabo: Normand acabou se declarando culpado nas ações de fraude e conspiração em outubro de 2002.

Se seu chefe propuser algo ilegal, tente dissuadi-lo. Se isso não funcionar, fale com pessoas da mesma hierarquia do seu chefe ou superior a ele, denuncie-o e chame as autoridades. Simplesmente não comprometa sua integridade por nenhum chefe. As pessoas não vão querer saber se você estava apenas cumprindo ordens a partir do momento em que decidirem não confiar mais em você.

Obviamente, indivíduos equilibrados desenvolvem marcas pessoais fortes não só porque seus conselhos são bons, mas porque não têm medo de fazer o que todas as marcas, de Oprah Winfrey à Coca-Cola, fazem: se diferenciar da concorrência. Pessoas de personalidade equilibrada não têm medo de ocasionalmente irem contra os próprios princípios e se destacarem em meio à multidão.

Permita-me contar-lhe sobre uma ocasião, há alguns anos, quando decidi fazer algo que, no mínimo, era contrário à intuição. Tinha sido um ano particularmente bom e me ofereceram 100.000 dólares em títulos de longo prazo. O conselho da John Hancock já tinha aprovado o dinheiro, mas eu vi uma oportunidade na minha frente.

Seria melhor ser uma das 20 pessoas para as quais o conselho tinha dito: "Trabalho bem-feito", ou seria melhor ser a única pessoa que diria ao conselho: "Querem saber? Fiquem com o dinheiro e me deem uma coisa mais valiosa".

Decidi que seria melhor ser o único. Então disse ao presidente do conselho que dinheiro não era a moeda que eu queria. O que eu queria era a habilidade de provar minha capacidade em um nível superior.

O presidente ficou chocado, mas minha estratégia funcionou. Eu acabei recebendo tanto o dinheiro como as responsabilidades mais amplas que eu tinha solicitado.

Claro, indivíduos equilibrados não são únicos somente pelo fato de cada coisa que fazem ser única. Eles não se destacam porque cada transação se destaca. Isso é rebelião com o simples intuito de ser rebelde e vai marcá-lo como "do contra".

Você será considerado alguém de personalidade equilibrada somente se escolher os momentos certos. É preciso ter o sentimento de quando se deve deixar ser levado pela maré ou se arriscar a ser visto como autodestrutivo ou desleal pelo chefe, e quando se pode realmente fazer algo diferente e ser premiado por isso.

> **Não tenha medo de se destacar da multidão. Isso vai ajudá-lo em sua marca como indivíduo equilibrado. Mas escolha cuidadosamente os momentos.**

CHEFES QUEREM SUAS MARCAS LUSTRADAS

A terceira coisa que os chefes querem de você, além de lealdade e bons conselhos, é que você torne suas marcas pessoais mais lustrosas. Eles querem que você os torne bem-sucedidos e os faça parecerem inteligentes, o que às vezes, devo confessar, é um desafio.

Mas é um desafio que tem de ser enfrentado, não importando quão pouco atraente o chefe seja. Qualquer pessoa que adotar uma atitude: "Meu trabalho não é fazer meu chefe parecer bem, mas sim fazer com que eu pareça ainda melhor", não serve para esse mundo.

Observe o contraste entre duas grandes personalidades que serviram como chefe de pessoal na Casa Branca nos anos 1980: John Sununu, ex-governador de New Hampshire que esteve no posto no governo do presidente George H.W. Bush, e Jim Baker, que assumiu este cargo no governo do presidente Ronald Reagan.

Michael Duffy da revista *Time* descreveu o estilo de Sununu desta forma: Ele "dirige a Casa Branca como se fosse presidente".

Em outras palavras, Sununu achava que controlava a situação. E é por isso que ele acabou sendo forçado a sair. Baker, por outro

> **Entenda que quase todas as coisas agradáveis que o seu chefe faz por você não são feitas por amor, mas para promover a marca dele.**

lado, entendeu que seu trabalho era colocar Ronald e Nancy Reagan em um bom ângulo. Ele era tão claro sobre seu dever de servir à reputação de seu chefe que uma vez disse que não precisava ter uma visão: "Porque o cara da Sala Oval a tem". E é por isso que ele acabou conseguindo uma promoção para Secretário do Tesouro.

Por mais aborrecido que possa ser, você tem de colocar o chefe sob os holofotes. E você deve somente esperar que este seja suficientemente generoso para compartilhá-los com você.

Claro, uma das coisas mais valiosas que se pode fazer para tornar um chefe bem-sucedido é compensar suas fraquezas. Se o chefe é brilhante, mas desorganizado, a melhor maneira de ganhar sua gratidão e respeito é fazer com que as coisas funcionem sem atraso. Se, no entanto, o chefe for obtuso, mas metódico, a pessoa que oferecer algumas boas ideias será, provavelmente, de muita valia para ele.

> Compense as fraquezas de seu chefe para conquistar sua gratidão.

Finalmente, também terá de permitir que ele alegue algum trabalho seu como sendo dele. Talvez até seja preciso aguentar uma visão particularmente chata – seu chefe se comportando como se fosse realmente uma pessoa altamente criativa uma vez de posse de *suas* ideias. Isso não é necessariamente uma coisa ruim. Eu realmente me considero afortunado de ter sempre tido chefes que quisessem boas ideias. Eles as aceitavam e, em troca, me davam bastante liberdade, tanto para ser quem eu sou como para participar de tarefas interessantes e importantes que permitiram que eu construísse minha própria reputação.

O fato é: todos os chefes vão usá-lo. Para eles, você é primariamente um instrumento para ajudá-los a avançar em suas próprias carreiras. *A questão real é se você é ou não esperto o suficiente para usá-los também.* Seu objetivo é utilizá-los a seu favor no desenvolvimento de sua reputação, como alguém que está destinado a coisas mais elevadas.

> Todos os chefes vão usá-lo. A questão é se você é esperto o suficiente para usá-los para construir uma grande reputação.

Se o relacionamento for aquele em que simplesmente o chefe usa seu cérebro e suas conquistas e, em troca, você recebe nada mais que seu salário, que vergonha!

O QUE VOCÊ QUER DE UM CHEFE?

O que você quer de um chefe? Dinheiro? Benefícios extras? Tapinhas nas costas?

Não.

O que você realmente quer, por incrível que pareça, é conquistar a sua confiança.

Já dissemos o quanto os chefes anseiam por lealdade, porque funcionários leais amenizam suas inseguranças. Você também deve procurar um relacionamento baseado na lealdade, mesmo que isso signifique sacrificar o grande prazer de zombar de seu chefe diante de seus colegas.

> **Há duas coisas que se deseja de um chefe:**
> - **Confiança**
> - **Uma troca justa**

Isso pode parecer contraintuitivo. Você deve estar imaginando que se seu chefe *não* está requerendo sua lealdade, você está recebendo o mesmo salário em troca de um investimento menor. Você está lhe dando o benefício de seu cérebro, mas não sua alma.

Mas há problemas em uma troca completamente transparente e profissional. Para começar, você receberá em troca apenas seu salário. Organizações que o valorizam somente por suas habilidades no negócio – muitas das empresas de Wall Street caem nesta categoria – são extremamente assépticas. Elas tendem a se basear em dependências, não na lealdade: dependência do dinheiro, dependência do processo. Elas são bem parecidas com as galés. Os supervisores não ligam para o relacionamento. Somente querem que você continue remando.

Isso é bom em tempos de bonança, mas assim que você falhar no manejo correto do remo, será arremessado para fora do barco. Tais empresas não têm nenhum escrúpulo em despedi-lo, ou mesmo arruinar sua reputação caso isso sirva ao propósito delas.

No entanto, um chefe que confie em você irá lhe dar oportunidades que poderão mudar sua vida – não pelo fato de você ser necessariamente qualificado para uma possível promoção que ele esteja lhe acenando, mas porque ele sabe que você vai fazer o que puder para fazê-lo ficar bem.

Por exemplo, quando a gerência da John Hancock me pediu pela primeira vez para tocar um negócio, eu fiquei surpreso como qualquer um ficaria. Eu tinha vindo para a companhia como chefe de comunicação e, após três anos e algum sucesso acumulado, eis que num belo dia o presidente da companhia me convidou para almoçar no *Boston's Algonquin Club* e me perguntou se eu gostaria de passar a ser o responsável pelo segmento de seguros do grupo.

Isso estava um pouco fora do meu *métier*. Eu era um profissional de *marketing*; nunca havia trabalhado em um departamento operacional na minha vida. Mas como gosto de tentar coisas novas, concordei. Tivemos um almoço agradável e, quando estávamos indo para os famosos *macarons*[7] do clube, o chefe disse: "Você tem alguma pergunta?".

Eu disse: "Sim, tenho uma. Qual é o negócio do grupo?".

Meus chefes na John Hancock estavam querendo me dar uma improvável oportunidade porque acreditavam em mim. E eu entendia a natureza do acordo. Eles estavam me oferecendo a chance de ser conhecido como mais do que uma pessoa de comunicações. Graças à confiança deles, eu poderia construir uma reputação de alguém que pode "trazer o urso para casa" – e sem esta reputação, eu nunca teria tido a chance de me tornar um *CEO*. Em troca, eu gerei receitas para a empresa. Muito dinheiro.

> **Um chefe que confia em você lhe dará oportunidades que permitirão que você seja considerado "matéria-prima que pode ser trabalhada e transformada em um executivo".**

A segunda coisa que se deve querer do chefe é uma troca justa. Se ele estiver utilizando suas ideias a todo momento e exigindo muito de seu tempo e energia, é bom que ele esteja lhe dando em troca algo significativo: um salário decente, dar-lhe crédito pelos seus esforços diante dos demais e, mais importante, o tipo de experiência que permitirá que você ganhe poder de decisão quando você decidir deixá-lo.

De fato, embora recompensas monetárias sejam boas, o tipo de acordo que mais importa no começo de sua carreira é um que lhe permita, entre

---

[7] Biscoitos de pasta de coco ou amêndoa. (N.T.)

outras coisas: assumir responsabilidades que de outra maneira não seria possível; trabalhar com clientes com os quais você nunca teria a chance nem de chegar perto, construir uma marca pessoal e colocar o nome da empresa – idealmente, outra marca atraente – no seu currículo. Seu lema deve ser: "O que quero agora é respeito – pego o dinheiro mais tarde".

> No início da sua carreira, experiência vale mais que dinheiro.

Finalmente, o que você realmente quer é um chefe que lhe permita aprender alguma coisa. Claro, há diversas maneiras de se ensinar: por intenção, certamente, mas também por meio de exemplos, por proximidade, por osmose, ou até mesmo por meio de exemplos negativos. Desde que você esteja ganhando alguma experiência que o ajude a progredir no futuro, o acordo que você tiver feito, mesmo com o chefe mais desagradável da face da Terra, pode não ter sido ruim.

Tive pelo menos 20 chefes durante minha carreira corporativa e devo dizer que aprendi bastante com cada um deles. Claro que não gostei de todos eles, mas, no mínimo, muitos me ensinaram a respeito de problemas de personalidade – algo que eu queria aprender, para que, quando os visse novamente, eu os reconhecesse. E por causa do grupo heterogêneo de chefes que tive, eu aprendi a reconhecer certos tipos de superiores e a lidar com eles.

No próximo capítulo, serão apresentadas dicas sobre como lidar com certos tipos de chefe. Alguns deles farão o máximo que puderem para obstruir o seu caminho, enquanto muitos outros desviarão de seus próprios caminhos para permitir que você brilhe.

REGRA

3

COLOQUE SEU CHEFE NO DIVÃ

Como dissemos no capítulo anterior, o que se quer dos chefes é um bom acordo. Pelas coisas que faz por eles você quer, em troca, que estes o ajudem na construção de sua marca.

Nem todos os chefes, entretanto, lhe darão esta ajuda. E no início nem sempre é aparente quais deles irão atrapalhá-lo e quais pretendem lhe dar uma mão.

Por isso é importante, principalmente quando não se conhece bem um chefe, colocá-lo no divã e agir como um psicólogo amador. Seja observador e mentalmente tome notas de seu comportamento, e logo você terá indícios das vantagens e perigos que ele oferece à sua marca.

Um velho clichê diz que existem somente sete tramas básicas em toda literatura. Há também uma quantidade similar na vida organizacional – um punhado de personalidades básicas de chefes, cujos perfis valem a pena ser reconhecidos.

Claro que nem todos os chefes vão se enquadrar nessas categorias. Mas a maioria irá. E aprender a reconhecer estes tipos é valioso porque há uma boa chance que, ao perceber em que tipo ele se enquadra, será possível saber o que este irá dizer a seu respeito.

PAIS DA "PEQUENA LIGA"[8]: NÃO SE COMPORTE COMO CRIANÇA POR MUITO TEMPO

Pelo fato de normalmente seus chefes serem mais velhos que você, muitos deles irão tratá-lo como um filho transviado. Pode ser que lhe peçam mais do que deveriam, como se fizessem parte da família e você tivesse um enorme débito de gratidão por torná-lo o que é.

Especialmente quando você é jovem e está no começo de sua carreira, é fácil cair nesta linha de argumentação, pois você ainda não está realmente bem treinado para a vida organizacional. Entretanto, você passou os primeiros 20 anos de sua vida sendo treinado na dinâmica familiar. Você sabe lidar com seus pais, mas não está seguro sobre como lidar com seu chefe. Portanto, você ficará completamente à mercê de chefes que se comportem como seus pais.

> Pais se sacrificam.
> Chefes não.

"Você é como um filho para mim", diz o chefe, conquistando sua confiança.

Bem, nem tanto.

Enquanto é sabido que os pais se sacrificam por seus filhos, os chefes são conhecidos por não fazê-lo. É muito raro que um chefe use seu capital por você sem obter algo em troca.

Até mesmo a maior e aparente generosidade envolve algo em troca. Por exemplo, se um chefe luta em promovê-lo, dirige-se ao seu superior e diz: "Veja, fui eu quem trouxe para cá este jovem. Ele é realmente inteligente. Fez um excelente trabalho. Está nos colocando em uma ótima situação".

Em outras palavras, o chefe quer crédito por tê-lo contratado e pelo bom trabalho que fez tomando conta de você. Não importa exatamente o que sai da boca dele; o que ele está querendo dizer é: "Eu sou brilhante desenvolvendo talentos. Eu quero ter o reconhecimento disso por parte de meus superiores".

---

[8] Usada a tradução literal. Nos Estados Unidos, "The Little League" é o campeonato de beisebol da categoria infantil. (N.T.)

Depois disso, o chefe pega o elevador até seu andar e lhe diz: "Fui lá em cima e lutei por você. Se não fosse por mim, você não teria essas oportunidades". Tradução? "Eu sou o melhor chefe que alguém pode ter. Também quero ser valorizado por meus subordinados." Pode parecer que ele esteja lutando por você por amor. Mas, no final das contas, ele está fazendo isso por si próprio.

Caso necessite provar que seu chefe está realmente interessado em sua própria carreira, tente simplesmente não fazer corretamente o trabalho para o qual ele o recomendou. De repente, não somente ele vai parar de se comportar como seu pai, como não vai nem mesmo se lembrar de tê-lo contratado. Na verdade, ele vai começar a pensar que será melhor verificar sua ficha pessoal, pois o considerará como uma espécie de impostor que chegou na porta da empresa embrulhado em trapos. Nem remotamente ele irá querer ter a sua marca pessoal associada à sua. Passará a repetir: "Eu sempre suspeitei dele; nunca gostei dele".

> **Entenda que quase toda coisa boa que seu chefe faz por você não é feita por amor, mas sim para valorizar a própria marca dele.**

Claro, tanto nos negócios como na vida há bons e maus pais. Falaremos dos bons na próxima seção.

Quanto aos maus pais, vamos chamá-los de Pais da "Pequena Liga". Eles são como as pessoas que você vê gritando das arquibancadas para seus filhos, nos eventos esportivos, porque nunca nada está certo. "Não acredito que eu te aguento", dizem eles. "Sorte sua que você me tem, pois caso contrário nem estaria jogando aqui... Será que vou ter de livrar a sua cara novamente?... De forma relutante estou lhe dando este aumento embora ache que você não o mereça." Esses chefes tentam atá-lo convencendo-o de que você é inadequado.

Até mesmo *eles* podem ser úteis, quando se é uma criança indefesa. Já que eles gostam de se achar grandes provedores, os chefes da Pequena Liga são capazes de se desviar de suas trajetórias para ensiná-lo muitas coisas importantes. Entretanto, só é viável ter este tipo de chefe quando você ainda estiver na faixa dos 20 a 30 anos, porque eles não o deixarão desenvolver uma marca poderosa por mérito próprio.

Por meio deles você acabará ficando com uma reputação incerta – elogios, desde que ninguém imagine que você possa funcionar sem a sabedoria superior de mamãe e papai. "Ela fez um trabalho razoável naquela tarefa", é um comentário típico. "No momento eu não teria muitas expectativas em relação a ela. Deixe-me trabalhar com ela e ver se eu consigo melhorá-la."

Pode ser que você seja fantástico. Mas o chefe estará se apropriando de suas conquistas ao enfatizar o quanto você precisa de sua ajuda.

Sob o comando de chefes da Pequena Liga, você é impedido de crescer. E se decidir deixar o ninho – não importa o que tenha feito para ele no passado – obviamente você será classificado como um ingrato.

Mas é bem provável que, se você *não* sair por conta própria, você acabará sendo descartado. Inevitavelmente, ao ganhar experiência, você começará a questionar bastante os julgamentos de mamãe e papai. Uma vez que este tipo de chefe não pode suportar a perda de autoridade, psicologicamente será muito caro mantê-lo.

A verdade é: não há famílias na vida organizacional. Quando seu chefe diz que "Somos uma família", ceticismo é a única reação inteligente.

Não me leve a mal. Não estou dizendo que pessoas que trabalham juntas não possam se aproximar. Estou somente dizendo que família é uma perigosa e imprecisa metáfora para descrever esta proximidade.

A melhor metáfora seria uma militar. Não é por acaso que um dos melhores chefes para os quais trabalhei, Bob Kleinert, tinha sido sargento-mor do exército americano.

O BOM SARGENTO: TENHA ESPERANÇA DE TER UM DESSES

O amor e a lealdade que se desenvolvem entre companheiros de armas são conhecidamente profundos. Entretanto, há uma distinção importante entre este tipo de emoção e a familiar: elas não são estendidas a pessoas incompetentes que podem levá-lo a ser morto em batalha. Famílias têm de acolher idiotas. Companheiros de guerra, não. O relacionamento militar é de mútua atenção e proteção em benefício de todos. Crises só ajudam a aprofundar as relações porque elas nos permitem provar ao outro que, como um time, pode-se sobreviver a um ataque impetuoso.

Bob Kleinert foi um gênio ao criar o sentimento "Irmãos de Guerra", apesar de ser conhecido como um chefe durão. Na época em que trabalhava para ele, certa vez preparei um

> Idealmente, seu chefe é como um grande líder de batalhão. Ambos ganham forças ao cuidarem um do outro.

elaborado folheto de convocação para uma reunião de vendas no Havaí. Às 2 horas da madrugada anterior à reunião, ele me ligou e disse para queimar todos os folhetos. Enquanto o lia, notou, em uma figura do tamanho de um selo postal, um homem com seu lenço de bolso do lado errado. A fotografia havia sido invertida. Segundo ele, este tipo de imperfeição era inaceitável. Por isso, gastamos US$ 540.000 a mais para colocar a imagem na posição correta, reimprimir os folhetos e enviá-los novamente.

No entanto, ele não era uma pessoa de se prender a detalhes. E realmente construiu uma equipe. Comecei a trabalhar para o Bob em Connecticut, mas este continuou a assumir cada vez mais responsabilidades. Ao pedirem a ele que se transferisse para a filial de Baltimore, levou-me junto com outras quatro ou cinco pessoas-chave. Em contrapartida, nós protegíamos sua reputação com unhas e dentes. Correríamos o risco de sermos baleados em sua defesa. Caso alguém na matriz dissesse coisas desagradáveis a seu respeito, éramos os primeiros a defendê-lo. Com muitos chefes, quando alguém diz coisas negativas a respeito deles, você pouco se importa.

E fazíamos nosso trabalho com muito zelo para que tivessem uma boa impressão dele. Quando desenvolvíamos novos produtos, sempre nos dizíamos: "Isso vai ajudar o Bob". Era algo pessoal e, por isso, nós trabalhávamos mais arduamente.

Como Bob ganhou tamanha lealdade de seus subordinados? Ele fez por merecê-la. Sempre cuidou de nós. Sempre se assegurou que fôssemos bem pagos e que obtivéssemos o que fosse necessário para nossas famílias. Dava-nos o benefício de seu conhecimento. Toda vez que era promovido, ele nos levava junto, em vez de escapulir ao primeiro sinal de pastagens

> Um chefe que consegue isso garantirá que sua reputação cresça paralelamente à dele.

mais verdes. Tinha também o cuidado para que nossas reputações crescessem juntamente à dele.

Infelizmente, você nunca terá a oportunidade de trabalhar com o Bob, pois faz tempo que ele morreu. Porém o tipo de ambiente por ele criado é um em que você gostaria de se encontrar.

A principal coisa que superiores como Bob entendiam, e que não acontece com muitos outros tipos de chefe, é que sua marca tem de ir mudando à medida que for ganhando experiência. Chefes como ele não são somente bons na infância de sua carreira. Da mesma forma continuarão a ajudá-lo durante a adolescência e a fase adulta.

Começam por protegê-lo dos predadores organizacionais e do próprio sistema. Depois, passam a ajudá-lo no desenvolvimento de suas habilidades. Ajudam a construir sua marca com igual paciência. Eles fazem pequenos elogios em público, garantem o fortalecimento de sua ficha pessoal, divulgam seu talento pela empresa e, basicamente, criam uma aura que diz: "O sargento gosta desta pessoa e, portanto, é alguém que merece nossa atenção".

Chefes como esse farão com que pessoas poderosas conheçam suas realizações. E usam seu sucesso para persuadi-los a lhe darem responsabilidades maiores.

Por último, quando achar que você está pronto, o bom sargento vai trabalhar para empurrá-lo para cima ou para fora. E quando tiver chegado o seu momento de deixar o ninho, não importa se for seu departamento ou a sua empresa, o Bom Sargento ficará feliz por você. Um verdadeiro líder é suficientemente maduro para não tentar mantê-lo para sempre. Depois de algum tempo, ele precisará de novas ideias e você, de novos desafios.

> **Um verdadeiro líder entende que sua marca tem de mudar conforme você ganha experiência.**

O PERDULÁRIO: APOIAR ALGUÉM PODE SER UMA GRANDE EXPERIÊNCIA

Existem chefes cuja imagem de si próprios se baseia em tomar conta de você. E, no entanto, existem aqueles que esperam que você não faça outra coisa senão cuidar deles – principalmente porque eles se tornaram incapazes em razão de neuroses ou vícios.

Isso aconteceu com um dos meus primeiros chefes em relações públicas. Foi preciso pouco tempo trabalhando a seu lado para perceber que estava sob o comando de uma pessoa pouco comum, que não estava minimamente interessada em fazer, por conta própria, algum trabalho. Pouco tempo depois descobri o porquê – tudo o que ele queria fazer era beber doses duplas de vodca com gelo durante o dia todo.

A vida com este sujeito era uma série constante de desventuras. Por exemplo, em determinada oportunidade estávamos tentando conquistar um cliente (o governo de um determinado país da América Central) com o intuito de promover o setor turístico desse país. Tínhamos uma reunião em Nova Iorque com o ministro do turismo e um grande número de pessoas que trabalhava para o órgão de promoção do turismo deste país relativamente pequeno. Durante o almoço, meu chefe se gabou de ser cantor lírico.

Logo depois, viajamos para a América Central para continuar tentando conquistar esta conta. Certa noite, eis que chega ao hotel onde estávamos hospedados uma limusine acompanhada, "por razões de segurança", de alguns jipes do exército que nos conduziria a um jantar. Fomos levados às pressas para sei lá onde, até acabarmos dando no palácio presidencial onde, para nosso espanto, nos foi servido um jantar de gala com o presidente e sua mulher em um salão muito elegante.

Depois do jantar, nos dirigimos a um outro salão, onde havia um pianista. Lá ficamos sabendo que o presidente era um fã de ópera.

Meu chefe aceitou o convite do presidente para cantar, e logo começou a haver murmúrios de surpresa no salão. Ele parecia Plácido Domingo!

Caso Domingo fosse um bêbado degenerado de Long Island.

Meu chefe *cantou* ópera, tal como havia dito no primeiro almoço. Entretanto, o que ele tinha esquecido de dizer era que ele havia cantado ópera de fim de semana com um grupo amador, nos subúrbios. Além do mais, ele estava, como sempre, bêbado.

Meu Deus, foi uma situação realmente embaraçosa. Nem é preciso dizer que perdemos o negócio.

Um cliente que conseguimos fisgar foi o presidente de um país em desenvolvimento. Ele estava nos Estados Unidos em "missão para estreitar os laços entre os dois países", viajando pelo país com muito luxo e acompanhado de uma grande comitiva. E fomos então contratados para conseguir para ele e seu país uma boa imagem na imprensa, no que tivemos êxito.

Depois disso, este presidente retornou a seu país e, antes de termos a chance de receber pelo nosso trabalho, foi executado em um golpe de estado. Meu chefe sofria grande pressão de seus superiores para conseguir receber o dinheiro. Ele teve então a ideia de me mandar para lá de avião para cobrar nossos honorários.

Pensei comigo mesmo: "O sujeito que tinha executado nosso cliente não estaria muito disposto a pagar pelas extravagâncias de seu predecessor. Eu suspeitava também que ele poderia ter pavio curto.

Foram necessários meses para dissuadir meu chefe de me enviar para lá, porém, no final das contas, consegui – talvez porque soubesse que se, por acaso, eu tivesse o infortúnio de cruzar com um pelotão de fuzilamento, ele teria de passar pelo inconveniente de ter de realizar várias entrevistas para contratar meu substituto.

Apesar de ter de ficar dando cobertura para esse cara não ser sempre agradável, a verdade é que ele era um bom chefe em diversos aspectos importantes: ele propôs uma ótima oferta de trabalho para alguém jovem como eu.

Eu tinha de fazer todo seu trabalho e manter as aparências por ele, mas, em troca, consegui atribuições que seriam equivalentes às de profissionais de uma geração anterior à minha e fui apresentado a pessoas poderosas, coisa que nunca teria conseguido caso meu chefe fosse um cara sóbrio e com a ficha limpa. No final das contas, foi um golpe de sorte, uma grande oportunidade para eu construir uma reputação substancial no início de minha carreira.

> Seja tolerante com as fraquezas de seu chefe caso estas conduzam as oportunidades para você construir sua própria marca.

Quando se é jovem e novo na carreira, talvez seja necessário ter de aguentar um chefe com tendências um tanto singulares. Mesmo aquele que você particularmente não admira pode vir a ser um bom chefe, caso este lhe proporcione oportunidades de aprendizado.

O PÁRIA: NÃO ASSOCIE SUA MARCA À MARCA DELES

Obviamente, não se deve pressupor, pela minha última história, que todos os bêbados são bons chefes. Permita-me contar sobre outro grande bebedor para o qual trabalhei, um cara totalmente indisciplinado que vamos chamar de Pária. Não só era uma verdadeira esponja como também devia ter cerca de 120 kg, além de fumar sem parar.

O Pária estava numa posição de poder. Era um dos diretores executivos, um cara brilhante com ideias geniais para a organização. E ele se cercava de pessoas talentosas. Comparativamente eu era, com certeza, o membro mais estúpido do grupo.

Mas mesmo com toda nossa inteligência combinada, não conseguíamos que o Pária fosse bem visto, porque ele era afrontosamente impolítico. Ele poderia estar no meio de uma reunião com seus pares e, em vez de abordar um assunto com tato, argumentava de forma arrogante e direta, e terminava dizendo que os outros participantes eram idiotas.

Ele era tão largamente odiado que o plano de ação entre os demais diretores era: como matar este cara? E seus pares descobriram que a maneira de destruí-lo seria impedindo que sua brilhante equipe conseguisse fazer qualquer coisa.

Para nós, quando tínhamos algum projeto sistêmico, íamos para o fim da fila. O último projeto no qual qualquer um trabalharia era o nosso. Ou se você tivesse alguma ideia que necessitasse de capital, este seria negado pelo comitê financeiro. Cada vez que eu aparecia com uma ideia em termos de *marketing*, alguém lançaria alguma flecha flamejante nela.

Estávamos sempre escapulindo em busca de abrigo. Cada coisa que fazíamos era criticada pelo resto da companhia e nunca recebíamos de nosso chefe qualquer forma de proteção. Nunca. Santo Deus, como era difícil!

Mas finalmente o plano inimigo funcionou. Pelo fato de não conseguir concretizar nada, ele foi demitido. E todos nós acabamos ficando com a batata quente nas mãos.

Os membros dessa equipe tiveram um de dois destinos. Alguns pensavam que, por serem subordinados leais, qualquer inimigo do Pária também seria seu inimigo. Então optaram por entrar em conflito com todo mundo na empresa, a qualquer custo. É claro que, quando a Branca de Neve é mandada embora, os sete anões acabam sendo jogados no poço do vilarejo.

> **Tente formar alianças fora do círculo do seu chefe a fim de desenvolver a reputação de alguém que é leal à organização.**

Mas alguns de nós sobreviveram porque, mesmo sem trair nosso chefe, deixamos claro que também éramos leais à corporação.

Por exemplo, eu havia feito alianças com outras pessoas de nível hierárquico equivalente ao do meu chefe. E, portanto, eu era uma pessoa da qual eles podiam se aproximar discretamente para dar um recado para ele.

A verdade é que, embora deva lealdade ao seu chefe, você não vai querer ser totalmente identificado com ele. Se este for uma pessoa atroz, não será interessante ser visto como alguém que simplesmente segue ordens do chefe. Dentro de uma organização, a defesa "estava apenas cumprindo ordens", em geral, não é mais bem-sucedida do que foi em Nuremberg.

Mesmo quando seu chefe for muito querido e admirado, você não vai querer parecer alguém que pertença a ele. Vai querer que sua marca seja a de alguém que é útil para toda a organização.

Inicialmente seu objetivo deve ser obter certo grau de autossuficiência, pois mesmo o chefe mais popular pode se transformar num pária, graças à novela das políticas organizacionais.

Foi no Citicorp, no início dos anos 1980, que ficaram claros para mim os perigos de ser totalmente identificado com o chefe, mesmo ele sendo um bom chefe. Havia uma corrida pela sucessão para o cargo de CEO, em que evidentemente três executivos disputavam a vaga. Bem, o Citicorp tinha uma cultura particularmente implacável. Não era apenas: "Consigo roubar a ideia dele?", mas: "Como posso roubar a ideia dele, ter crédito por ela *e* ainda matá-lo?" (três pelo preço de uma).

Em 1984, um artigo do *Wall Street Journal* capturou a dose extra de ferocidade que a corrida pela sucessão estava adicionando ao local:

> Um ex-executivo explica que a retórica, nos níveis superiores do banco, pode parecer quase feudal: um funcionário ligado ao sr. Reed, por exemplo, "é parte do mundo Reed", diz ele. "Se Reed for bem-sucedido, você também será."

Bem, John Reed acabou se tornando o próximo CEO. Mas o que aconteceu com aquelas pessoas que juraram lealdade ao senhor feudal errado? Acredito que as marcas delas tiveram algum problema.

A Merrill Lynch nos serve como outro exemplo: E. Stanley O'Neal, que iria acabar perdendo seu cargo de CEO na crise do mercado hipotecário americano em 2007, quando mal tinha acabado de ser nomeado, em 2001, presidente, diretor de operações e futuro herdeiro do CEO David Komansky, substituiu diversos executivos, descritos pelo *The New York Times* como "leais ao sr. Komansky". Era um claro sinal de que um novo rei havia chegado e antes mesmo que o antigo fosse destronado, aqueles leais a este último seriam executados. Maquiavel vive!

> **Tente ser visto como alguém que é voltado para a corporação e não como um lacaio do chefe. Procure ser um elo entre este e o resto da organização.**

Além do perigo de acabar indo para a forca junto com seu chefe, há uma segunda razão pela qual você não vai querer que sua marca esteja muito proximamente associada à dele, ainda que este seja o melhor deles: mesmo o mais poderoso cortesão do rei não terá o mesmo respeito que alguém que controla o menor dos ducados. As maiores considerações irão, de pleno direito, para aqueles que são leais tanto ao regime como aos grupos independentes e poderosos.

Idealmente, você quer ser visto como um elo entre seu chefe e o resto da organização, um poder independente que é universalmente digno de crédito por transmitir informações em todas as direções sem trair ninguém.

É necessário muita *finesse* para levar a cabo este exercício de diplomacia. Mas sua marca será muito melhor se você for visto como alguém que é capaz de transitar livremente por toda a corporação, diferentemente do que aconteceria caso fosse um lacaio do chefe.

O "USUÁRIO DE UMA VIA": DÊ A VOLTA E PEGUE OUTRA ESTRADA

Pouquíssimos chefes são mentores apenas por terem bom coração. Por exemplo, por que eu me cerco das melhores pessoas que posso encontrar e tento ajudá-las em suas carreiras?

Para que eu possa trabalhar menos. Se essas pessoas parassem de contribuir, seria problemático.

Entretanto, de minha parte devo garantir que elas sejam bem remuneradas por esta contribuição. Há uma grande diferença entre um chefe que age em interesse próprio, mas que lhe oferece uma troca honesta por seus esforços, e outro que somente o usa e esquece de fazer a sua parte do acordo.

É este pouco caso com as coisas que devem a seus subordinados que transforma pessoas muito ambiciosas em maus chefes. Por exemplo, a chefe que quer ascender socialmente, papel de Sigourney Weaver no filme *Uma Secretária de Futuro*, de Mike Nichols, de 1988, é um retrato perfeito do "Usuário de Uma Via". Ela promete a Tess, uma secretária, interpretada por Melanie Griffith, que irá ajudá-la a escapar de seu "gueto de secretária", ao qual ela está injustamente aprisionada. Para isso, ela rouba suas ideias, não lhe dá nenhum crédito por elas e tenta fazer com que esta seja despedida por pretender que seu trabalho seja visto como algo mais do que os deveres típicos de uma secretária.

Em sua autobiografia de 1988, *Iacocca*, o retrato que o executivo da indústria automobilística, Lee Iacocca, faz do presidente do conselho da Ford, Henry Ford II, é mais um exemplo do "Usuário de Uma Via". Iacocca salienta que Ford o despediu após dois dos melhores anos da história da companhia – sem falar no fato de que este último havia primeiro tentado, de todas as formas, arruinar a sua reputação.

Qual o motivo para um tratamento deste tipo para alguém que trouxe muito dinheiro e muito prestígio para a Ford? Iacocca sugere que a vaidade de Ford foi o fator-chave. O autor acreditava que estava sendo muito aclamado em arenas que Ford queria manter para si próprio – a Europa e *Wall Street*.

Iacocca relembra, particularmente, uma reunião com banqueiros e analistas da Wall Street. Segundo ele, Ford, inebriado, levanta-se e "acaba dando com a língua nos dentes ao dizer que a companhia estava tentando resolver seus imbróglios". Iacocca tomou a palavra, em seguida, para tentar salvar as aparências para a organização – um ato, diz ele, que "pode ter sido o começo do fim para mim". No dia seguinte, Ford o acusou de "falar para muita gente de fora".

Vaidade é fonte comum entre os "Usuários de Uma Via". Eles rapidamente se apropriam das realizações que você conseguiu e as utilizam para a própria glória. E, para completar, não importa o quão extraordinárias sejam essas realizações, eles acham que você não merece nenhum reconhecimento por elas.

De fato, eles se empenham em minimizar seu trabalho e negar seu merecido reconhecimento, pois querem todo crédito para si. Se seu chefe for assim, suas conquistas serão um segredo bem guardado. Todos os seus esforços serão em vão em termos de melhorar a sua marca.

Nenhuma pessoa que queira construir uma brilhante carreira pode se dar ao luxo de ficar com um chefe assim por muito tempo. Assim que perceber que ele é muito egoísta em relação à própria marca a ponto de não permitir que você construa a *sua*, é hora de buscar alternativas.

> **Tente identificar se seu chefe é um "Usuário de Uma Via", que nada fará para ajudá-lo a construir sua marca e, nesse caso, tente encontrar uma maneira de mudar de caminho visando o seu próprio progresso.**

O COVARDE: CORAJOSO APENAS PARA MATAR SUAS IDEIAS

Como todos chefes inseguros, é difícil aperfeiçoar a sua marca pessoal e fazer com que ela brilhe quando se está sob o comando de um chefe covarde, pois este tem muito medo que você seja elogiado em público por outra pessoa.

Por exemplo, eu tive um chefe que vivia assustado por nenhuma razão. Eu "segurei muito sua mãozinha". Redigi todos os seus memorandos e relatórios e dei a ele todas as ideias que teve. Mesmo assim, ele nunca me deu crédito por nada e estava determinado a impedir meu progresso.

Entretanto, o fato de ele não querer falar bem de mim não era o pior. O problema real com os covardes é que eles têm muito medo que você dê provas de seu próprio valor quando em ação. Eles não lhe dão esta oportunidade porque são muito reticentes para tomar uma decisão.

Você tem de dedicar um tempo enorme para que ele se sinta seguro em apor a sua assinatura em um memorando que você teve de reescrever uma dúzia de vezes. Mesmo para um plano de ação já discutido umas cinquenta vezes, é preciso muito esforço para convencê-lo de que este é aceitável e que o céu não está prestes a desabar sobre suas cabeças somente porque você decidiu de fato fazer alguma coisa.

E *mesmo assim* esse chefe solicita um sem-número de opiniões antes de aprovar alguma coisa. Adota como sua a opinião da última pessoa que passou por sua sala.

Algumas coisas realmente têm de ser decididas por um comitê. Porém, na vida organizacional, há várias outras que não. Novos produtos, propagandas e planos de *marketing* de sucesso são, geralmente, da engenhosidade de uma só pessoa – alguém que sente que tem liberdade para propor algo novo.

Os covardes nunca lhe darão esta liberdade porque morrem de medo de dizer sim para qualquer coisa.

Eles são o caso clássico de obstrução organizacional, uma artéria endurecida no corpo da corporação. E se por acaso alguma de suas ideias acabar tendo a chance de ver a luz do dia, nas trincheiras, covardes não são o tipo de pessoa com o qual você pode contar.

O covarde dirá: "OK, tome aquela colina. Eu dou cobertura a você". Mas, ao primeiro sinal de problemas, é como se houvesse um alçapão sob seus pés que o levasse direto a um *bunker* com um bom aprovisionamento de alimentos enlatados. Ele simplesmente desaparece.

> **Os chefes covardes não permitem que você construa sua marca porque não lhe dão oportunidade de fazer nada.**

Mas quando surge o tempo de receber as medalhas, o covarde reescreve a história e se ilude acreditando ser Audie Murphy[9]. O covarde realmente acredita que foi ele quem conquistou a colina.

---

[9] Bravo soldado americano, o mais condecorado na II Guerra Mundial. (N.T.)

Isso é chato. Mas o que realmente conta para sua marca é o fato de seu chefe o deixar fazer algo. Mas este tipo não irá deixar.

O SABE-TUDO: ELE NÃO ACREDITA QUE VOCÊ *TENHA* IDEIAS

Uma vez tive um chefe que nunca estava errado. Vamos chamá-lo "Jim".

Jim queria que quiosques promocionais fossem colocados por toda a matriz da corporação e que mostrassem *slogans* sobre sinergia e outras agradáveis ficções. Ele queria poder andar por aí, ver os avisos, e se sentir melhor com sua vida, como se fôssemos uma grande família e trabalhássemos juntos e alegres como os Sete Anões.

Os quiosques foram instalados e ele veio à minha sala, *indignado*.

Para ele não importava o fato de, naquele momento, eu estar reunido com outras pessoas. Ele estava fora de si porque eu tinha grafado erroneamente a palavra "sinergia" nos avisos, em 80 diferentes andares e locais ao redor de todo o país.

Aos berros, me disse: "Você grafou errado a maldita palavra! Quero que os malditos avisos sejam corrigidos ainda hoje! Ou isso lhe custará o seu emprego".

Então, depois do meu chefe ter saído dali, fui ver o quiosque mais próximo. Os avisos pareciam corretos para mim. Obviamente, "sinergia" é, na vida corporativa, uma palavra que nunca se deve escrever incorretamente porque os altos escalões realmente acreditam nela. Eles não entendem que a maior parte da vida organizacional está mais para "Hatfields and the McCoys[10] que para "sinergia".

Não vi o Jim até o final do dia, até bater à sua porta. Trouxe um dicionário comigo, um clássico Webster's, segunda edição, de capa vermelha.

---

[10] Sanguinolenta disputa entre dois clãs na divisa entre os estados de Kentucky e West Virginia, os Hatfields de West Virginia e os McCoys de Kentucky, cujas origens residem no fato de estarem em lados opostos durante a Guerra Civil americana, sendo particularmente violenta durante o período 1880–1890. Esta contenda passou a fazer parte do léxico da língua na forma de uma metonímia representando qualquer contenda rancorosa entre partes rivais. (N.T.)

Ele ainda estava soltando fumaça. "Você já consertou os avisos?", perguntou ele.

Respondi: "Não".

"Por que não?"

"Porque 'sinergia' esta grafada corretamente." Eu já tinha a página aberta na palavra já previamente destacada com marca-texto.

Ele a examinou. E, em seguida, jogou o dicionário no cesto de lixo. "Seu dicionário está errado. Agora, saia da minha sala."

Ele nunca estava errado. O Webster's estava, mas não este sujeito.

Embora eles nem sempre sejam histéricos e muitos sejam mais educados que Jim, ele era definitivamente um membro do grupo chamado chefes Sabe-Tudo.

Eles nunca ouvem. De algum modo, eles são piores que aqueles que roubam suas ideias. O Sabe-Tudo geralmente não é suficientemente esperto para roubá-las, porque acha não ser possível haver uma ideia melhor que a dele.

E quando você executa uma ideia de um Sabe-Tudo, porque é leal a ele, fazendo como o chefe pediu, se a ideia não der certo, *você* é acusado pela má implementação desta.

O Sabe-Tudo não consegue admitir que está errado, e isso faz dele um chefe perigoso. Ele está sempre se garantindo. Seu pensamento funciona assim: "Eu disse que seria capaz de fazer isso, pois afinal de contas sou o Super-Homem. Se as coisas não funcionaram, por certo é culpa de outra pessoa". Esse tipo de pessoa pode muito bem tentar jogar a culpa em você por um de seus crimes.

Pelo fato de o Sabe-Tudo não permitir que você pense por conta própria, ele não tem nada a lhe ensinar.

Entretanto, não é somente esta a ameaça que ele coloca para sua marca. O fato é que você não ganha nenhuma experiência significativa com esse chefe. Com outros indivíduos desestruturados que você poderá ter como chefe durante sua carreira sempre há algo para se aprender. Mas como o Sabe-Tudo não deixa você pensar por conta própria, ele nada tem a lhe ensinar.

Sendo os Sabe-Tudo ruins como chefes, são ainda piores como subordinados. No cargo de CEO, estas pessoas me fazem morrer de medo. Elas acabam tão encantadas por suas próprias ideias equivocadas, e tão incapazes de dar atenção às pessoas que trabalham para elas, que acabam desmantelando departamentos inteiros. São essas pessoas que terminam por destruir empresas inteiras.

Eu sempre tentei evitar ter este tipo de gente perto de mim. Você deve fazer o mesmo.

O EQUILÍBRIO DO PODER: VOCÊ NÃO TEM MUITO PODER, MAS TEM ALGUM

Já falamos muito sobre a importância de entender o quanto de poder tem um chefe sobre você em comparação com o pequeno poder que este lhe dá. Mas você não é totalmente desprovido dele. E se o utilizar de forma inteligente, estará a caminho de construir uma grande marca pessoal.

VOCÊ PODE RECUSAR UMA VIAGEM NO TITANIC

O único momento em que você tem algum controle sobre a pessoa a qual estará subordinado é aquele em que está avaliando ofertas de emprego. Mesmo assim, muitas pessoas vão aos processos de seleção com a expectativa de serem, somente elas, avaliadas. Você deve também avaliar e analisar o que a nova empresa e o potencial chefe vão adicionar à sua marca – ou se desperdiçarão seus talentos, cérebro e esforços.

Muitos maus chefes podem ser desmascarados durante uma entrevista de emprego. Um "Usuário de Uma Via", por exemplo, talvez não faça perguntas sobre as coisas de que você é capaz, mas sim sobre como ele poderá utilizar

Há quatro tipos de poderes que você pode usar contra um chefe que queira impedir a construção de sua marca:
- O poder de evitar um desastre iminente.
- O poder de deixar a empresa.
- O poder de causar uma boa impressão em outras pessoas poderosas.
- O poder de algum dia influenciar a reputação do seu chefe da mesma maneira que ele fez com a sua.

a sua capacidade para crescer na carreira dele. Um chefe hipercrítico pode até começar a criticá-lo. O chefe hostil pode revelar agressividade antes mesmo de você ser contratado. Estaria esse potencial chefe criticando seus subordinados na sua frente? É bem provável que, assim que você conseguir o trabalho, receberá o mesmo tratamento.

Mesmo que um potencial chefe não revele qualquer um destes sinais durante o processo seletivo, uma atitude inteligente é sondar a respeito da reputação das pessoas para as quais se vai trabalhar. Não só a reputação da empresa, como também das pessoas. Fale com os atuais empregados, ex-empregados e jornalistas que cobrem a empresa para a mídia e, certamente, você terá uma boa noção tanto da cultura da empresa como do caráter da pessoa a quem estará subordinado.

> Sonde a respeito da reputação de um potencial chefe antes de aceitar o emprego. Não se comprometa com alguém que provavelmente não o ajudará a melhorar sua marca.

Se lhe parecer uma situação na qual sua marca não terá oportunidade de crescimento, não aceite o emprego.

VOCÊ PODE ESCAPAR DE UMA ARTIMANHA

Todos os relacionamentos com chefes são uma arranjo faustiano. Você quer experiência e contatos. Eles querem trabalho árduo e desempenho, e quem sabe até mesmo sua alma imortal.

O arranjo é interessante enquanto você estiver aprendendo. Mesmo que seu chefe seja um monstro, pode valer a pena o sofrimento caso o trabalho esteja verdadeiramente expandindo seus horizontes e adicionando substância à sua marca pessoal. Mas se suas perspectivas forem limitadas como a mente do próprio chefe, é melhor procurar outro emprego.

> Não se acomode. Se não estiver aprendendo nada de novo e não estiver acrescendo nada à sua marca no seu emprego atual, mude de empresa.

Pessoas ambiciosas acabam se tornando estúpidas ao se acomodarem depois de já terem conquistado todos os possíveis conhecimentos e poderes.

Esta é a causa de haver tantas pessoas infelizes na casa dos 40 a 50 anos, tentando descobrir como deixaram escapar as oportunidades. Elas as perderam porque se acomodaram na mediocridade. Suas marcas ficaram estacionadas há muito tempo.

Estas pessoas sempre pensaram que haveria um momento para mudar de emprego e de provarem o seu valor, fazendo algo diferente e mais desafiador. E num belo dia acordam e se veem como subordinado a alguém dez anos mais jovem.

Quando não estiver mais aprendendo com seu chefe e sua experiência profissional não estiver mais acrescendo algo à sua reputação, provavelmente é chegado o momento de mudar. E se sua organização não estiver querendo promovê-lo, é hora de cair fora.

VOCÊ PODE FAZER AMIGOS NOS ALTOS ESCALÕES

Caso seja ótimo no seu trabalho e mesmo assim você for limitado por um chefe ruim, há grandes chances de que alguém acima deste o tenha notado. Se, por exemplo, o chefe de seu chefe fizer uma pergunta que este último não consegue responder, mas você sim, isso será um grande indício para o primeiro.

Se perceber sinais de simpatia, gratidão e interesse de superiores ao seu chefe, pode valer a pena expor-se, mesmo que este seja um miserável. Em algum momento, o chefe de seu chefe o escolherá em detrimento de seu superior atual. Nesta situação, você deve tomar cuidado ao usar seu relacionamento com outras pessoas poderosas para se queixar dele.

Ao fazer isso, você não só pode parecer não confiável, por violar a hierarquia de comando, como também pode ofender o orgulho do executivo por meio de seu poder de observação. Por exemplo, se alguém se dirigir a mim reclamando do próprio chefe e me insultar ao pensar que não consigo ver o que está acontecendo, eu jamais colocaria tal pessoa no meu grupo.

> **Você pode ser salvo de um chefe ruim conquistando uma boa reputação com os superiores dele. Mas não reclame do seu chefe a menos que tenha sido convidado a fazê-lo.**

O caso seria outro se porventura eu lhe dissesse: "Estou preocupado com esta situação. Conte-me a respeito, informalmente". Neste caso, a franqueza é justificável.

Se estiver sob o jugo de um chefe ruim, é preciso saber o momento em que a hierarquia deve ser estritamente observada e quando é melhor deixá-la de lado.

Quando tudo vai bem, todos são simpáticos, e mesmo os tolos podem ter a ilusão de poder. São nos momentos de crise e em que as coisas vão mal, que o verdadeiro caráter das pessoas é revelado e se torna claro quem é que foge assustado e quem é que tem o controle da situação.

Aprendi esta lição aos quatro anos de idade, numa tarde no pequeno armazém de meu avô em Utica, estado de Nova Iorque. Eu sempre estava ao seu lado, já que havia ficado cego no final de sua vida; eu era o neto que via por ele.

Naquela tarde, um homem chamado George, que costumava vir se abastecer de cogumelos em nosso armazém, trouxe para meu avô um saco de juta com oito a dez melros vivos. Meu avô tinha crescido numa região pobre da Itália onde os habitantes dos vilarejos costumavam apanhar esses pássaros com armadilhas para depois comerem sua carne. E mesmo depois de ter condições financeiras para poder comer frango, ele não havia perdido seu gosto por estes animaizinhos.

Minha avó tinha subido para pegar algo para comer e então meu avô levou o saco com pássaros para um canto.

Bem, um dos passarinhos fez um buraco no saco usando seu bico, todos fugiram e estavam indo em direção da porta aberta da loja. Eu disse para ele: "Vovô, vovô! Os melros escaparam".

E meu avô ficou muito alterado. Então, em italiano, ele gritava: "Feche a porta, feche a porta!".

Ele tinha uma bengala. E decidiu que eu iria indicar a localização deles e ele os mataria. Então comecei a gritar: "Eis aqui um! Tem um outro ali!". E meu avô começou a brandir a bengala no ar.

Logo, havia alface voando e farinha de trigo sendo derrubada das prateleiras. Caiam sacos de café e Ovomaltine se espalhava pelo chão. Acredito que ele não tenha conseguido chegar a um metro de qualquer pássaro, mas ele continuava a agitar selvagemente sua bengala. Era a luta de um homem pela comida. E eu ficava pulando em volta, todo entusiasmado. Eu tinha apenas quatro anos. Aquilo tudo era ação para mim.

Minha avó acabou ouvindo a agitação e desceu correndo pelas escadas do fundo.

Então começou a gritar: "Abram a porta! Deixem que eles saiam!". E meu avô ficava dizendo obedientemente: "Sim, Maddalena, sim, Maddalena", em italiano.

Arregalei meus olhos. Até aquele momento, eu pensei que meu avô estava controlando toda a situação. Uma vez que as pessoas faziam o que ele dizia, para mim, ele era o chefe. Mas logo percebi quem era o real chefe.

Minha avó costumava fazê-lo acreditar que era ele quem mandava. Mas era um momento de crise, e então ela mostrou quem estava no comando.

É o que acontece numa crise. As pessoas mostram suas caras. Então caso esteja sofrendo sob um comando incompetente, provavelmente achará bem-vindo um pequeno tumulto. Isso o ajudará a medir o real poder de seu chefe – ele pode ser mais limitado do que você pensa. Também lhe dirá quem são os reais poderosos em sua organização, pessoas que você precisa conquistar para poder crescer.

> Dê o máximo de si para brilhar em tempos de crise e talvez você se livre de um chefe ruim.

E são nesses momentos turbulentos que as pessoas com poder saberão do que você é capaz também. Dê o máximo de si visando brilhar na presença de sinais de emergência em sua organização. As crises permitem às pessoas separar o joio do trigo – e, espera-se, separar um chefe ruim de você.

A JUSTIÇA TARDA, MAS NÃO FALHA

Eis uma agradável história em minha carreira: Em 1975, recebi um telefonema de um *headhunter* que disse que a Ingalls, uma das grandes firmas de propaganda de Boston, estava procurando alguém para encabeçar seu departamento de relações públicas. Viajei então de Baltimore, onde trabalhava, para Boston e fui entrevistado por um sujeito chamado Joe Hoffman, o presidente da agência. Ele me chamou novamente. Conheci alguns clientes, ele me ofereceu o emprego e eu aceitei.

Falei para minha esposa que estávamos de mudança. Disse a meu chefe que estava saindo da empresa. Estava prestes a ir para Boston para procurar uma nova casa quando algo estranho aconteceu: nunca mais ouvi falar novamente do tal Joe Hoffman.

Liguei para ele. Este não retornou minha ligação. Telefonei novamente. Este nunca me ligou de volta. Telefonei para a *headhunter*. Ele também não retornou os meus telefonemas. Obviamente, ele não queria ser pego de surpresa e ter de pagar sua comissão.

Passei algumas semanas em estado de pânico. Eu tinha deixado meu emprego e eles ainda estavam procurando alguém para me substituir. Mas Joe Hoffman nunca mais me ligou, e não recebi nenhuma explicação.

Felizmente, eu tinha sido franco com meu chefe sobre o que estava fazendo. Então lhe falei que meu novo emprego não tinha dado certo e pedi se ele podia me receber novamente. Felizmente, ele concordou.

Dez anos mais tarde, fui escolhido para ser diretor de comunicações da John Hancock. Estávamos procurando uma agência de propaganda e a Ingalls era uma das três finalistas.

Eu não tinha me encontrado, pessoalmente, com ninguém de nenhuma agência de propaganda – meu *staff* havia feito isso. Naquela época, a John Hancock era a única conta de prestígio em Boston que ainda estava disponível para ser conquistada. Portanto, as agências estavam se matando para nos ter como cliente.

Tentei evitar eventos sociais onde eu seria o alvo de bajulações, mas acabei participando de um coquetel com o pessoal da Ingalls, inclusive Joe Hoffman.

Fomos apresentados um ao outro. Ele não tinha nem uma vaga lembrança de mim. Mas ele queria tanto conquistar nossa conta que era possível sentir isso no ar. Sua intenção era a de me levar para almoçar; imaginava que podíamos fazer isso e aquilo juntos. Ele não parava de tagarelar sobre o futuro maravilhoso que teríamos juntos como grandes companheiros.

No final, disse a ele: "Sabe, já nos conhecemos".

"É mesmo?"

"Sim, certa vez você me ofereceu um emprego."

Ele disse: "É mesmo. O que aconteceu, então?".

"Você me fez uma proposta de emprego e nunca mais me ligou."

Ele disse que isso era impossível.

"Ah, não?", eu disse, e comecei a recitar os nomes do *headhunter*, das pessoas que conheci na empresa dele, nos clientes que ele me havia apresentado. E finalmente expliquei a ele que a atitude dele quase me havia colocado no auxílio-desemprego.

> **Você pode acabar tendo tanto poder sobre a marca de um ex-chefe como ele já teve sobre a sua.**

Ele começou a arregalar cada vez mais os olhos à medida que percebeu o quanto a situação havia se tornado insustentável para ele. De repente, sua marca e sua sobrevivência estavam em minhas mãos, assim como a minha esteve nas dele.

Permitiria eu que ele adicionasse um cliente de prestígio ao seu currículo? Ou pediria para minha secretária não me passar suas ligações?

Não fiz nada disso. Ele não conseguiu a conta, mas permiti que fossem adiante, fazendo-o passar por todo o excruciante processo de concorrer por nossa conta.

Quando se está sofrendo sob o comando de um chefe ruim, tenha em mente este alentador pensamento: Um dia você poderá dar uma virada. A verdade vai aparecer. Este ser desprezível vai, um dia, se revelar. E você poderá muito bem estar numa posição privilegiada com relação a quem, uma vez, abusou ao exercer seu poder sobre você.

Quando você finalmente se torna um dos anciães da tribo, a vida pode se tornar realmente boa.

REGRA 4

SAIBA QUAL É O GARFO PARA PICLES

Neste capítulo vamos falar, por incrível que pareça, de etiqueta – como desenvolver um estilo de comportamento que contribuirá para melhorar sua marca pessoal e não destruí-la. Vamos nos concentrar em algumas regras que, de acordo com minha experiência, são essenciais. Elas variam do óbvio – não deixe sua gravata mergulhar na sopa – até aquelas menos evidentes – não traga suas namoradas para eventos da empresa, mesmo que sejam convidadas.

Mas vamos começar com uma questão mais básica. Nosso mundo é um mundo informal, e muitas pessoas se gabam de não serem formais. Por que então a etiqueta tem valor?

Para responder, consultemos uma *expert*, Judith Martin[11] – conhecida como "Srta. Maneiras" –, que constantemente, em seu trabalho, luta contra a questão de se as boas maneiras ainda têm algum significado no mundo moderno. Num ensaio denominado "The Case against Etiquette" em seu livro *Miss Manners Rescues Civilization*, ela dá a dica de dois tipos de maneiras; ambas merecem nossa consideração.

Primeiramente, ela diz que nos dias de hoje a maior acusação que ela ouve contra a etiqueta é: "É artificial! É elitista! Está fora de moda!... E – *usa garfos!*".

---

[11] Judith Martin é uma jornalista americana, autora e autoridade em etiqueta e comportamento social. É conhecida por seu pseudônimo Miss Manners. (Fonte: Wikipédia, N.E.)

Em outras palavras, um grande número de pessoas pensa que etiqueta é meramente saber que talher usar num jantar formal, quando há uma dúzia de implementos estranhos à sua frente. A etiqueta do garfo de picles é claramente elitista, porque é utilizada para mostrar que determinadas pessoas pertencem ao clube certo – e diferenciá-las dos membros do clube errado.

A "Srta. Maneiras" *detesta* este uso da etiqueta como identificação de classe. Na sua visão, maneiras "requerem compaixão e respeito". Elas são um modo de tornar melhor a vida para seu próximo e não para você se mostrar superior a ele.

Encaremos os fatos: a "Srta. Maneiras" é uma idealista. A verdade é que ambas as teorias de etiqueta se aplicam ao mundo dos negócios, e ambas ajudam a explicar por que as boas maneiras são uma ferramenta essencial na construção de uma marca.

Inicialmente, é melhor ter boas maneiras porque, sem elas, você vai parecer que nada conhece do mundo que os profissionais de sucesso habitam – definitivamente não será um candidato a membro desse clube. Sendo justo ou não, as pessoas vão interpretar sua ignorância sobre como se portar como sinal que também ignora como fazer seu trabalho.

> As boas maneiras são essenciais para uma boa marca pessoal por duas razões:
> - Elas vão mostrar que você pertence ao mundo dos executivos seniores.
> - Elas vão demonstrar sua compaixão e respeito pelas pessoas ao seu redor, uma qualidade que bons líderes precisam ter.

Por exemplo, na autobiografia de Lee Iacocca, *Iacocca,* ele conta a história de como seu predecessor no cargo de presidente da Ford Motor Company encontrou a morte pelas mãos do Presidente do Conselho, Henry Ford:

> Eu gostaria de poder dizer que Bunkie foi demitido por ter arruinado o Mustang ou porque suas ideias estavam todas erradas. Mas a razão real de sua demissão não foi nada disso. Bunkie Knudsen foi demitido porque entrava na sala de Henry Ford sem bater à porta. É isso mesmo – sem bater!

Seus maus modos o identificaram como alguém que o presidente do conselho não queria ter por perto.

Segundo, é melhor ter boas maneiras como forma de demonstrar compaixão e respeito por seus chefes, colegas e subordinados. Esta é uma daquelas qualidades que vão identificá-lo como líder e que os chefes inteligentes vão levar em conta quando estiverem considerando quem promover.

PRIMEIRO, TRATE DE NÃO SE COLOCAR EM SITUAÇÕES EMBARAÇOSAS

Enquanto a primeira regra para os médicos é: "Acima de tudo, não cause o mal", a dos construtores de marca é: "Acima de tudo, evite se colocar em situações embaraçosas".

Reputações normalmente são formadas por padrões de comportamento. Entretanto, certas vezes um único embaraço pode ser suficiente para alterar para sempre a opinião de outros a seu respeito – particularmente se trouxer à tona coisas que você, antes de entrar em foco, tenha somente aludido, se revelar a hipocrisia da reputação que tenha estabelecido no passado, se isso for tudo o que as pessoas sabem a seu respeito, quando ainda não tiver tido tempo de estabelecer sua reputação, ou se ele for especialmente memorável.

Portanto, é inteligente não ter em seu caminho ligações com qualquer coisa antiética, moralmente inaceitável ou completamente desagradável, mesmo que a ação pareça, naquele instante, uma boa ideia.

> Às vezes, um único embaraço é suficiente para mudar a opinião que outras pessoas têm a seu respeito.

Por exemplo, numa determinada época eu trabalhava para uma companhia quando houve uma terrível seca. Órgãos públicos solicitavam às pessoas para não regarem seus jardins nem ligarem suas máquinas de lavar durante as horas de pico, e estavam aplicando multas para aquelas que desperdiçassem água.

Então meu chefe, um dos diretores da empresa, veio com seu próprio programa de conservação de água, pensando que isso o faria parecer uma pessoa que trabalhava em prol da comunidade. Ele me levou, acompanhado do confuso diretor administrativo, até o banheiro masculino e explicou: "Vocês têm de dizer às pessoas que, para fazer o *número dois*, se dá descarga toda vez. Mas para o *número um*, ela seria dada *vez sim, vez não*".

O motivo de minha presença era que eu escrevesse um memorando para ele. O cara da administração estava literalmente drenando o vaso sanitário para ver quanta água este usava em relação ao mictório. E a melhor parte era o seguinte: tínhamos que debater como se saberia, olhando para este, se já havia sido usado ou não – em outras palavras, quando esperar ou quando dar a descarga.

"Bem", disse sabiamente meu chefe, "se foi usado, fica mais amarelo".

Prontifiquei-me: "Você gostaria que eu colocasse isso no memorando?".

"Certamente", disse ele.

Então redigi esse memorando absurdo. Felizmente para mim, ele se achava tão importante a ponto de insistir que ele o tal memorando deveria ser assinado por ele, o que foi motivo para se tornar a piada do ano na empresa.

De fato, meu chefe tornou toda a situação a mais ridícula possível. Ele ainda enviou seu pobre diretor administrativo ao banheiro masculino com uma prancheta para se assegurar que todos estivessem seguindo esta política. A pessoa estava em frente ao mictório e havia uma situação: "Você primeiro, meu caro Alphonse"[12], na qual você tinha de negociar com o cara ao seu lado para ver quem iria primeiro e quem iria depois.

Graças a Deus, logo vieram as chuvas e outra crise corporativa foi afastada. Mas meu chefe nunca mais perdeu a reputação de controlador de descarga. Eis o que isso fez com ele: ele era um diretor sênior, mas revelou o nível em que realmente deveria estar trabalhando – monitor de toalete. De repente, todos compreenderam quem ele era. Suas limitações ficaram em evidência e sua carreira não deu em nada.

> **Seja prudente ao associar sua marca com qualquer coisa que possa fazer com que as pessoas se afastem horrorizadas.**

Nunca se sabe quando as pessoas acharão que um ato falho é sinônimo de sua marca. Portanto, seja muito prudente ao associar sua marca com qualquer coisa que possa fazer com que as pessoas se afastem horrorizadas.

---

[12] Marcado por uma cortesia ritualística onde duas pessoas agem de forma extremamente diferente. Originário dos personagens principais de uma história em quadrinhos ("Alphonse and Gaston") do cartunista americano Frederick Burr Opper. (N.T.)

Essa é a mais óbvia de todas as possíveis regras. Mas é espantoso como muitas pessoas a ignoram.

NÃO LAVE O ROSTO COM UMA PANQUECA

No mundo corporativo, hábitos pessoais na gastronomia e no vestuário contam mais do que muitas pessoas desejam admitir. Se quiser ser bem-sucedido e em alto nível, é importante vestir-se e agir conforme o papel de um executivo importante exige.

Claro, vestir-se apropriadamente é muito difícil quando se é jovem e mal pago. Na primeira vez que me transferi para Nova Iorque para lá trabalhar, recém-saído da faculdade, eu tinha cabelos longos, usava calças boca de sino e não tinha um único terno. Eu era do "interior". O que sabia eu de moda?

De repente, lá estava eu no mundo dos negócios. Então fui a uma loja de ponta de estoque na Barneys, na época a maior loja de roupas masculinas da cidade de Nova Iorque. Claro, a loja de ponta de estoque incluía tudo que a Barneys não podia vender pelo preço normal – ou até mesmo com um desconto de 25%. Na fraca luz do depósito, vi um terno marrom-escuro. Eu sabia que no mundo dos negócios a expectativa era que as pessoas usassem ternos escuros. Então decidi comprá-lo.

Nunca me esqueci do primeiro dia em que o vesti. Estava a caminho do trabalho, dirigindo-me para o edifício e me sentido importante. O chefão da empresa também entrava naquele momento e, no elevador, me disse com um olhar de espanto: "Você andou fazendo compras na Brooks Brothers?".

O fato era que, à luz do sol, meu terno supostamente marrom escuro era, na verdade, vermelho. Não aquele vermelho de Papai Noel, mas suficientemente vermelho. Somente dois tipos de pessoas podem se dar bem com um terno vermelho: jogador de golfe na categoria juvenil e palhaços. Eu não era nenhum deles, mas continuava a usá-lo.

Finalmente, um cara mais velho, chamado Dolf, me chamou de lado e disse algo que nem meu chefe me diria: "Eu o tenho observado", disse ele. "Você é um jovem muito esperto. Mas uma pessoa que usa um terno vermelho

> **Se quiser ser levado a sério, vista-se adequadamente, como um executivo.**

não tem credibilidade". Ele me fez ver que ninguém me levaria a sério até que começasse a me vestir mais profissionalmente.

Claro, vestir-se adequadamente não significa que se deva seguir o padrão de todos na sua profissão. Enquanto estiver dentro dos limites da respeitabilidade, um estilo individual pode fazer com que você se sinta mais confiante que seus colegas. Executivos na área de seguros, por exemplo, tendem a ser um grupo que opta pelo cinza, mas eu, particularmente, gosto de gravatas com cores vivas e sempre as usei na John Hancock (com ternos azuis-escuros – não marrons).

Após ter me tornado um CEO, percebi que os funcionários passaram a usar gravatas com cores mais vivas. Agora que já não estou mais lá, provavelmente eles voltaram ao estilo de tons pálidos.

> Ter um estilo individual é bom, desde que este não seja produto de ignorância.

A questão é: há uma enorme diferença entre usar um terno vermelho porque você não conhece nada melhor, e usar gravatas com cores vivas quando se tem conhecimento. A última é uma escolha fundamentada, a outra é um visível produto da ignorância. Os outros respeitam uma pessoa independente e segura de si, mas não um ignorante.

Não há dúvidas de que, em algumas situações, uma escolha que contrarie moderadamente a moda lhe dará uma vantagem estratégica em relação à concorrência.

Consideremos, por exemplo, David Boies, que se tornou indiscutivelmente o mais admirado advogado nos Estados Unidos após representar Al Gore na recontagem de votos na Flórida durante a eleição presidencial de 2000, e por tomar o depoimento de Bill Gates no caso antitruste do Ministério da Justiça americano contra a Microsoft, fazendo-o parecer um mentiroso petulante.

Boies é rico e famoso, mas ele se veste como um professor de matemática do 2º grau, comprando seus ternos e gravatas baratos, às dúzias, do catálogo da Lands' End.

Esta aparência despretensiosa reforça seu estilo de argumentação, que é muito claro, sem floreios desnecessários. Seu estilo modesto ajuda a fortalecer a mensagem: "Tudo que vocês estão recebendo de mim é senso comum, sem enfeites". Em outras palavras, roupas baratas fazem parte daquilo que torna a marca de Boies tão persuasiva.

A primeira regra para se vestir no mundo dos negócios é, acima de tudo, trajar-se apropriadamente. Verifique se suas roupas são do tamanho certo. Certifique-se de que elas não deixarão nervosas as pessoas à sua volta. Então se você estiver suficientemente confiante em relação ao seu entendimento da situação, vista-se visando obter uma vantagem estratégica. Vista-se para definir sua marca. Não importa o que você faça, pense no que está fazendo ao se vestir de manhã. Isso importa.

Também é importante assegurar que suas maneiras à mesa indiquem que você é uma pessoa conhecedora do mundo, alguém familiarizado com as regras da vida civilizada.

> Esteja certo de que suas maneiras à mesa sugiram alguma familiaridade com as regras da vida civilizada.

Eu já vi muitos executivos despreparados que acabam sendo demitidos porque ninguém consegue ficar perto deles. Mas o caso mais triste que já vi, de hábitos à mesa comprometerem alguém, envolveu uma bela jovem, cuja mesa estava próxima à minha no restaurante Shun Lee Dynasty, em Nova Iorque.

Eu estava esperando alguém para almoçar e as mesas ficavam tão perto uma das outras que não se podia deixar de ouvir o que estavam falando ao lado. Após alguns minutos, percebi que estava havendo uma entrevista de emprego.

A bela jovem estava sendo entrevistada por dois senhores. Ela parecia ter vindo do centro-oeste americano, porém educada como alguém de Nova Iorque. Ela estava ótima; usava um belo vestido; parecia que tudo estava indo muito bem.

Quando chegou a hora de fazerem os pedidos, ela pediu aos dois senhores que o fizessem, uma vez que eles conheciam bem o local. Em outras palavras, ela era esperta o suficiente para esconder sua falta de familiaridade com a comida chinesa.

Então o almoço deles foi trazido à mesa. Um dos pratos era frango "moo shu". Ofereceram-lhe uma panqueca no vapor e ela a pegou, sorrindo. E então, para o espanto dos dois senhores e do garçom, ela a bateu em sua cara, onde se partiu em pedaços.

Ela tinha confundido a panqueca com uma toalhinha umedecida para lavar o rosto. Esse único movimento impulsivo acelerou o almoço consideravelmente. Estabeleceu que ela era uma pessoa com a qual os dois homens não estavam mais interessados em almoçar, quanto mais considerá-la para um emprego.

Maneiras que demonstram falta de conhecimento vão deixá-lo para trás. Pessoas que poderiam beneficiar sua carreira não irão confiar em você. Eles partirão do pressuposto que sua ignorância pode se estender também a áreas que são importantes para os seus negócios.

Então caso tenha de participar de jantares de negócios com uma dúzia de talheres à sua frente, gaste um tempo para aprender qual é o garfo do picles. Pode não parecer relevante para sua marca. Acredite em mim, é.

FAZER CONJECTURAS SOBRE PESSOAS QUE VOCÊ NÃO CONHECE PODE SER FATAL

Embora seja inteligente tornar-se um livro pelo qual se possa julgar por sua atrativa capa, é vantajoso ser bem cauteloso ao julgar outras pessoas da mesma forma.

Desde que subi a uma posição de poder na John Hancock, relativamente jovem, frequentemente eu era ignorado nas reuniões por pessoas de fora, que supunham, incorretamente, que alguma pessoa de cabelos grisalhos da Hancock seria aquela que tomava as decisões. E inevitavelmente eu fazia com que estas pessoas sofressem por tais suposições.

> Seja cauteloso ao julgar prematuramente outras pessoas com base em suas aparências.

Um dos exemplos mais ultrajantes disso ocorreu quando eu era o CEO da John Hancock, mas não ainda presidente do conselho. A empresa estava fazendo negócios com uma empresa de consultoria e o presidente do conselho desta solicitou uma reunião conosco. Era para ser nada mais que uma conversa informal de 30 minutos com dois de seus funcionários – um distinto senhor grisalho e um rapaz bem mais jovem – e eu.

Infelizmente, o presidente desta empresa de consultoria era muito confuso. Ele insistia em chamar o senhor grisalho de Steve, apesar de seu nome ser Bill. Ele falava com o "Steve" longamente sobre o tempo em que tinham jogado golfe juntos. E eu, que era o cliente, era simplesmente ignorado por ele.

Todos os demais participantes estavam confusos e sentindo-se em uma posição desconfortável até que, finalmente, após 20 minutos, eu entendi a situação. Ele pensava que Bill fosse Steve *Brown*, ex-CEO da John Hancock. E, portanto, eu não era ninguém com quem valesse a pena se incomodar.

A questão, para seus funcionários, era se o corrigiam ou não. O de menor escalão finalmente fez a coisa certa. Ele apontou para o Bill e disse: "Sr. Presidente, ele é um de nossos funcionários. E esse é David D'Alessandro, o CEO da John Hancock".

O presidente ficou atônito. Nesse caso, ele deu a impressão de ser uma pessoa completamente falsa, um desnorteado impostor. Além de não ter a mínima ideia de alguém com quem teria passado uma tarde jogando golfe, também não conhecia um de seus executivos com mais tempo de casa. Ele deixou Bill numa posição embaraçosa, tratou o cliente com pouco caso e criou uma história que permanecerá como uma infâmia.

Tire uma lição a partir dessa história. Não macule sua reputação decidindo muito rapidamente quem vai ou não merecer sua atenção. Esnobismo vai apenas fazê-lo tropeçar.

Claro, já vi pessoas fazerem conjecturas ainda mais estúpidas. Eu trabalhava em uma empresa onde um dos principais executivos era homossexual. Um de meus colegas, esquecido deste fato por todos conhecido, começou a falar, numa reunião com este executivo, que a companhia não deveria ficar promovendo homossexuais. Desnecessário dizer que, felizmente, este funcionário nunca chegou a lugar algum naquela empresa.

> Não seja esnobe. É perigoso menosprezar alguém que você não conhece.

Meu conselho é guarde seus preconceitos, não importa quais sejam, para si próprio. Caso isso lhe pareça impossível, pelo menos conheça o público antes de ostentar sua limitada inteligência.

> Não seja intolerante. As pessoas vão achá-lo um idiota.

Eu realmente aprendi a não prejulgar as pessoas logo no início da minha carreira. Na época em que eu pertencia à área de relações públicas da agência, estávamos sempre trabalhando num ritmo frenético. Certa vez, logo pela manhã, decidi chamar um temporário para digitar uma apresentação que eu daria naquele mesmo dia.

O temporário estava atrasado. Finalmente, vi uma jovem vagando sem destino. Então eu dei a ela um bolo de anotações e disse: "Oi. Tudo isso precisa ser digitado agora. Temos uma apresentação ao meio-dia".

Ela aceitou com prazer, enquanto eu a tratei com certo desdém.

No dia seguinte, o chefão de Chicago veio ao escritório e apresentou todo mundo para sua filha Anne. Claro, Anne tinha sido minha digitadora, exceto pelo fato de ela não ser nenhuma digitadora. Ela estava simplesmente fazendo um *tour* informal pelo escritório quando foi encurralada abruptamente por mim.

Ela levou a coisa toda na esportiva e nunca contou para seu pai. E me ensinou uma coisa valiosa – ir devagar quando se tratar de outras pessoas e observá-las por algum tempo antes de pressupor quem elas são.

> **Não faça conjecturas a respeito de pessoas que você não conhece. Vá devagar e, inicialmente, as observe.**

Esta não é apenas uma maneira mais agradável, gentil e humilde de lidar com o resto da humanidade, também irá preveni-lo de criar uma reputação de cretino.

MESMO EM OCASIÕES FESTIVAS, SEMPRE MANTENHA UMA POSTURA PROFISSIONAL

As ocasiões de trabalho mais perigosas para sua carreira são aquelas que deveriam ser divertidas – festas da empresa, celebrações de vitória, convenções em outras cidades e reuniões fora da empresa projetadas para criar confiança.

Consideremos, por exemplo, o caso de seis altos funcionários da Barclays Capital que saíram à noite em Londres para comemorar o fechamento de um negócio. Eles beberam alguns dos vinhos mais raros da adega do restaurante e gastaram US$ 62.000 num jantar. O restaurante prontamente se vangloriou sobre esta conta através da imprensa, e os jornais de todo mundo o proclamaram como o mais caro jantar *per capita* da história.

Resultado final? Mesmo que esses executivos tenham pago pelo jantar de seus próprios bolsos, a Barclays logo despediu todos, exceto o mais novo do grupo. Embora a empresa recusasse associar as demissões ao jantar, era evidente que não estava contente com o fato de seus empregados terem estabelecido um recorde de excessos em meio de uma economia em baixa.

Um bom vinho é uma coisa que pode arruiná-lo. Camarões são outra. Eu quase morri em um corre-corre por camarões. Eu participava de uma convenção juntamente a um grupo de executivos de vendas e suas esposas quando o hotel trouxe enormes tigelas de camarão. As pessoas reagiram como se nelas houvesse moedas de ouro. Começaram a encher de camarões os bolsos de seus ternos. Engraçado, nenhum dos "enchedores de bolso com camarão" jamais foi promovido por mim.

Você deve ficar atento, já que está sendo avaliado, mesmo em circunstâncias que pareçam recreativas. Infelizmente, muitas pessoas, quando tentadas por comida, álcool, sexo ou pela oportunidade de falar francamente em uma situação relacionada ao trabalho, sucumbem de tal forma que acabam destruindo a própria reputação.

As pessoas tendem a tratar as festas das empresas como tempestades de neve, um momento em que tudo congela e nada conta. Elas pensam que é uma folga: "Podemos fazer o que quisermos agora, e não haverá nenhuma lembrança amanhã do que aconteceu".

O pior é que todo mundo se lembra. No que diz respeito à sua reputação, se o evento for de alguma forma relacionado com seu trabalho, então deve ser encarado como trabalho. É sempre trabalho. O fato de estar vestido em trajes de festa e estarem sendo servidas bebidas alcoólicas significa que a situação é um teste mais duro do seu caráter.

> **Cuidado com eventos de empresa que pareçam ser divertidos. Mesmo que pareçam recreação, você está sendo julgado.**

Portanto, você deve não apenas relaxar num evento social patrocinado pela empresa, mas também ficar duplamente atento em proteger sua marca pessoal – ou se sentirá muito mal na manhã seguinte.

> **Não beba em festas promovidas pela empresa. E tente evitar seu chefe.**

Se eu tivesse que citar uma regra básica para festas da empresa: Não beba. Também não é inteligente usar estes eventos para impressionar seus superiores.

Mesmo que as pessoas lhe digam o contrário, estou convencido de que nada de bom pode advir de gastar mais que cinco minutos com seu chefe numa dessas festas. Em primeiro lugar, caso fique mais do que isso com ele, vai parecer um puxa-saco. E caso ultrapasse este período e com um copo de bebida em suas mãos, existe a grande probabilidade de dizer coisas que não deveria. A estratégia mais inteligente é dizer olá e seguir em frente. Sempre haverá um bom número de bajuladores que ocuparão o tempo dele. Até mesmo passar quatro horas com ele num campo de golfe pode ser tão perigoso quanto útil. Escolha os tópicos a serem abordados em sua conversa.

Obviamente, a mais perigosa de todas ocasiões ligadas ao trabalho, e que por isso deve ser a mais evitada, são os famosos encontros fora da empresa.

Participei de alguns deles que duraram o dia todo e outros que duraram duas semanas. Também participei daqueles em que se fica trancado numa sala de conferências sem janelas, sem ar condicionado, sem cadeiras de rodinhas e com massas folheadas do dia anterior. E para alguns deles tive de pegar um avião e ficar hospedado em um hotel de luxo num paraíso tropical.

Participei de encontros onde não havia nada a não ser uma longa e chata apresentação sobre o desempenho de cada divisão ou departamento. E em outras que ofereciam o espiritualismo corporativo em voga sobre ter o carma correto e como trabalhar juntos onde a única coisa que faltava eram fogueiras, ficar de mãos dadas e cantar Kumbaya[13].

As acomodações e agendas não importam. São todas ninhos de cobras para reputações.

São todas dirigidas pela necessidade de alguns executivos de juntar a "família" organizacional e de se sentirem orgulhosos como a mamãe galinha com seus pintinhos. Bem, famílias organizacionais são sempre disfuncionais. Quando elas são colocadas juntas em um local estranho com um grupo de

---

[13] Música *spiritual* americana dos anos 1930. (N.T.)

pessoas que não conhecem tão bem, a tentação das "crianças" é de retornar a um estado de puro id. Alguns *sempre* bebem muito e cometem algum tipo de amolação ou coisa parecida. E se um caso amoroso no escritório ainda não estiver acontecendo, há uma boa chance que haja uma dúzia deles no retorno desses encontros.

> **Tente evitar reuniões fora da empresa. São um ninho de cobras para reputações.**

O meu favorito de todos que participei foi uma medonha sessão em um acampamento no meio do nada em Catskills (região montanhosa no sudeste do estado de Nova Iorque). Tínhamos esses consultores externos de "treinamento" – os reais charlatões do mundo dos negócios –, em teoria, para nos ajudar a comunicarmos melhor. Era uma espécie de um "Outward Bound"[14] mental, uma interminável coisa do tipo "me segure se eu perder o equilíbrio" cuja proposta era ajudar a construir camaradagem. E fizemos esses exercícios em que tínhamos de interagir uns com os outros, exercícios esses que seriam gravados em vídeo para serem posteriormente apresentados para análise dos demais membros do grupo.

Certo dia, logo cedinho, estávamos todos sentados, ainda não totalmente despertos, com as pestanas semiabertas, semimortos de enfado, revendo as sessões do dia anterior, quando uma interação teve uma repentina reviravolta. Lá no alto da tela, havia duas pessoas, presentes na sala, fazendo amor.

Aparentemente, o casal deve ter entrado furtivamente na sala de aula à noite, feito sexo na mesa de conferência e *achado* que tinham apagado a gravação. Eles foram bem inventivos, mas mesmo assim de uma forma bem ruim.

Posso garantir-lhes: a cena foi algo que realmente despertou a atenção. Para todas intenções e propósitos, as carreiras daqueles dois foram destruídas. Ninguém nunca mais os levou a sério.

Se você tem o azar de trabalhar para pessoas que gostam de reuniões fora da empresa, simplesmente se assegure de ficar extremamente cético sobre os objetivos anunciados dessas excursões. Os executivos que as organi-

---

[14] Instituição internacional que visa ajudar no crescimento pessoal e na sociabilidade das pessoas pela organização de expedições ao ar livre e que envolvem grandes desafios. (N.T.)

zam vão dizer que elas se destinam a relaxar e criar elos. Provavelmente eles contratarão consultores que dirão a mesma coisa.

Na verdade, são as *piores* ocasiões para relaxar. Caso não queira adicionar uma série de adjetivos negativos à sua marca pessoal – bêbado, promíscuo, glutão, língua solta –, não baixe a guarda por um só minuto.

MANTENHA SEU MISTÉRIO

No mundo dos negócios, lhe é permitida agora uma vida privada que é realmente privada, o que não acontecia há 20 ou 30 anos. Naquela época, você não conseguiria atingir os altos escalões da empresa caso se divorciasse. Um romance dentro do ambiente de trabalho seria o fim de uma carreira. E certamente não conseguiria chegar a lugar algum no mundo dos negócios caso descobrissem que você era homossexual.

Felizmente, crescemos bastante como sociedade. Hoje em dia ninguém vai sair numa caça às bruxas para descobrir a verdade sobre sua vida sexual.

Atualmente, reservamos este tipo de intolerância para políticos, cujas carreiras podem ser descarriladas pelo caso amoroso "errado".

Certamente, ainda existem coisas que não são boas para nossa carreira – por exemplo, ser preso. Mas geralmente sua vida privada lhe pertence – até o momento em que decidir torná-la pública. Neste caso, você deve estar preparado para as consequências em sua marca.

Se você namora pessoas ridículas, que gostam de mascar chicletes durante a refeição, tudo bem. Simplesmente não as traga para eventos da empresa. Se o fizer, não espere que seus colegas se ajustem aos seus padrões. Não irão. Eles irão julgá-lo severamente pela companhia que você tem.

Na realidade, eles irão julgá-lo com rigidez mesmo no caso de você apresentar-lhes à pessoa mais bonita, mais inteligente e mais charmosa do mundo. Quando solteiro, quase nunca levava uma mulher a um evento da empresa. Há todo tipo de perigo para sua marca ao tornar pública sua vida amorosa. Se você aparecer com muitas namoradas diferentes, você será tachado de "namorador". Caso se apresente com muitas belas namoradas, será um *playboy*. E as pessoas acharão que você não é suficientemente estável para merecer a confiança para um grande cargo.

Mas aparecer sempre com o mesmo par também é perigoso. Se vocês se separarem após todos terem conhecido e gostado dela, você vai ser marcado como um gavião ou canalha. E sua carreira pode realmente sofrer com isso.

> **Não leve seus namorados ou namoradas a eventos da empresa, mesmo quando estes forem convidados, caso contrário você será julgado pelo resultado de cada romance.**

O julgamento será ainda mais severo que em outros casos se a pessoa com quem estiver namorando for alguém com quem você trabalha. Obviamente, não tem o mínimo sentido dizer: "Não namore ninguém que trabalhe em sua organização". Colegas de trabalho namoram. Há casos. Isso é o que acontece quando seres humanos convivem proximamente. Mas geralmente o bom senso diz para manter isso em segredo.

Por exemplo, trabalhei para um cara que era realmente burro. Ele saía com a secretária do presidente sem a mínima preocupação de ocultar o fato. Ele se separou dela e partiu seu coração. Ela ficou infeliz por meses, o que significa que fez também infeliz a vida do grande chefe – não atendendo suas ligações, não sendo capaz de controlar sua agenda etc.

Será que o presidente a culpou por tudo isso? Não, ele culpou o sujeito, que logo foi transferido para uma filial em outra cidade. Ah, o cavalheirismo não está morto.

ENTENDA QUE CASAMENTO, AO CONTRÁRIO DO NAMORO, É UMA INSTITUIÇÃO PÚBLICA

É importante entender a diferença fundamental entre casamento e namoro. Se estiver namorando uma pessoa que não se encaixa em certos padrões, a discrição vai salvar sua reputação. Mas caso você se case com alguém assim, manter o cônjuge à parte da vida da empresa não vai funcionar. Casamento é uma instituição pública e como, por que e com quem você se casa vai contribuir positiva ou negativamente para a sua marca profissional.

Alguns anos atrás, quando eu estava para me casar pela segunda vez, um diretor da John Hancock me chamou de lado e me deu alguns conselhos.

"Você é perdoado por um divórcio", disse ele. "Você se casou muito cedo, criou-se um distanciamento entre você e a sua esposa e você dedicava muito tempo à sua carreira. Mas se você estragar o segundo casamento, a culpa será *sua*." E ele deixou claro que a reputação daqueles que saem derrotados repetidamente é abalada.

É a dura realidade, como sugere o caso de Stephen Hilbert. Ele havia fundado a seguradora Conseco, que começou a enfrentar sérios problemas, e, sob pressão, acabou renunciando em 2000. Na última contagem, Hilbert havia se casado seis vezes – sendo que a última esposa era uma exótica dançarina com pouco mais de vinte anos. Infelizmente, essa pitoresca vida particular precipitou seu fim, uma vez que parecia confirmar as suspeitas que seus votos – sejam no mundo dos negócios ou maritais – não podiam ser levados a sério. Não é surpresa que o *The Wall Street Journal* o tenha chamado de "o Rodney Dangerfield[15] do mundo das seguradoras".

> Casamento é uma instituição pública. Ele certamente terá influência sobre a sua marca.

E não importa o que você faça, não permita que seu cônjuge fale por você. É extremamente comum encontrar mulheres ou maridos nutrindo rancores e ressentimentos por seu chefe que nem você mesmo é capaz de ficar remoendo – de fato, é tão comum que o *The Wall Street Journal* publicou certa vez uma coluna intitulada "Socorro! Minha esposa odeia meu chefe".

Faça o que puder para desencorajar a sua cara-metade de nutrir esta aversão. Embora haja um prazer indireto por meio de seu cônjuge quando este ataca o seu difícil chefe, não se renda a essa tentação. Já fui alvo da hostilidade de uma esposa e, permita-me dizer categoricamente, isso nunca fez bem para a carreira de ninguém.

Certa vez, numa convenção, concordei em encontrar-me com um de meus funcionários e sua esposa para um drinque. O encontro era num bar. Ele era um rapaz pequeno e magricela, e estava apoiado no braço de uma poltrona que sua mulher, que era enorme, ocupava com sobras. Eles eram

---

[15] Rodney Dangerfiel foi um comediante, ator e músico estadunidense. Fez "Clube dos Pilantras" e "Assassinos por Natureza". (Fonte: Wikipédia, N.E.)

um perfeito retrato de "Jack Sprat"[16], ele não podia comer gordura e a mulher não podia comer carnes magras.

Mal havíamos nos cumprimentado quando a Sra. "Sprat" me atacou, acusando-me veementemente de reduzir o papel de seu marido e de não conseguir apreciar suas muitas qualidades. Uma esposa que perde a compostura já é algo terrível, mas o pior foi Jack não ter feito nada para tentar controlá-la. Na realidade, eu poderia até dizer que ele estava *radiante* por sua mulher estar me fazendo tais acusações.

Na época eu era mais jovem, então decidi conversar com ela. Hoje, eu simplesmente lhes daria um olhar de Medusa e, esperançosamente, transformá-los-ia em pedra. Mas eu disse, de forma bem simpática: "A senhora está certa sobre seu marido. Ele é um rapaz extremamente inteligente. Mas vamos admitir o que nós dois sabemos sobre ele. Ele é preguiçoso e não faz as coisas a tempo".

Esse pequeno gesto simpático a desarmou completamente. "O senhor está certo", disse ela. "É uma tarefa impossível fazê-lo limpar as calhas." De repente, éramos amigos. E passei a meia hora seguinte ouvindo-a reclamar dele e concordando com a cabeça.

No dia seguinte, "Jack" apareceu com um olho roxo e disse queixosamente: "O que o senhor fez? Agora minha esposa está do seu lado".

A esta altura, quais eram as chances de eu ter o mínimo de respeito pelo rapaz? Com um comportamento passivo-agressivo ele conseguiu arruinar tanto sua reputação profissional como sua felicidade no lar.

Não use seu cônjuge como dublê para fazer reclamações que você não está querendo fazer ou então para fazer *lobby* para lhe conseguir um aumento ou promoção. Isso lhe dará uma reputação de fraco, com a qual, possivelmente, você não conseguirá sobreviver.

No entanto, esteja certo de *realmente* considerar a mulher do chefe como seu substituto. E fale com ela tão respeitosamente como se estivesse falando com o próprio.

> **Não permita que seu cônjuge faça *lobby* junto a seu chefe ou reclame com ele em seu nome. Isso lhe conferirá uma reputação de fraco.**

---

[16] Pequeno verso infantil tradicional na cultura anglo-saxã. Detalhes quanto à sua origem em http://pila-nurseryrhymes.blogspot.com/2012/01/jack-sprat.html. (N.T.)

Não há nada mais estúpido que, ao se preocupar em impressionar um alto executivo, passar por cima da mulher deste. Vejo isso ainda em todos os coquetéis: jovens funcionários bajulando algum diretor e ignorando sua esposa. Isso é apenas ligeiramente menos estúpido do que tratar a esposa de forma tão obsequiosa a ponto de acabar irritando ambos os cônjuges.

> **Trate as esposas dos seus superiores como seres humanos, ou elas farão de tudo para comprometer sua marca.**

Meu conselho é: trate as mulheres/maridos dos superiores como seres humanos. Não se trata apenas de uma maneira polida de se agir como também a mais inteligente. Caso as desagrade, é uma simples questão de tempo para que sua marca seja comprometida.

Minha experiência pessoal com elas, na vida empresarial, é o fato de elas serem temperamentais como os sicilianos: entendem instintivamente que um ato de vingança provoca maior satisfação quando feito com desapego emocional e planejamento (manter o sangue-frio). Então, pacientemente, esperam pelo momento oportuno. Um rapaz, vamos chamá-lo de William, ofende sua mulher num coquetel. Pode ser que ela não comente sobre o fato. Porém, 18 meses mais tarde, quando você volta para casa e diz: "Devo promover um funcionário", William tem suas vísceras arrancadas antes do apagar das luzes.

Ela diz: "Aquele Peter é uma pessoa bem agradável. Já o William, não tenho tanta certeza. Acredito que ele vá desagradar muitos clientes". E a decisão já está tomada. A marca de William vai ficar fixada em sua mente: ele tem uma personalidade difícil.

Obviamente, apesar de ser inteligente fazer com que a esposa do chefe goste de você, você não quer necessariamente ser *querido*. Certa vez, havia um sujeito que tinha um poder sobre mim, ao estilo de Nero. Era polegar para cima ou para baixo. Neste último caso, minha cabeça rolaria.

Sua mulher era muito agradável e bem mais jovem, aproximadamente da minha idade, e nos dávamos bem. Em um coquetel, acabamos dando muitas gargalhadas e o chefão, depois disso, dirigiu-se a mim.

"Minha mulher realmente gosta de você", disse ele.

"Eu também gosto dela", eu disse. "Você é um cara de sorte."

Na época eu era solteiro, e então ele me pergunta se eu tinha namorada. Respondi que não.

Então ele disse friamente: "Bem, minha mulher não está disponível".

Quase caí de costas, tamanha minha surpresa. Nunca fui a pessoa mais inteligente do mundo, mas não cometeria a estupidez de dar em cima da mulher do chefe.

Porém, obviamente, Nero considerava mesmo uma conversação amistosa como algo fora dos limites. Creio não ter mais falado com a esposa dele depois disso. Na realidade, eu usava um crucifixo e comia alho, somente para mantê-la afastada caso ela quisesse falar comigo.

Seja agradável e cortês com a mulher do seu chefe. Mas uma amizade entre vocês pode ser realmente perigosa. Os conflitos de lealdade podem ser prejudiciais à sua carreira.

> Seja gentil com a mulher do chefe, mas não se envolva muito. Os conflitos de lealdade podem ser prejudiciais para a sua carreira.

PACIÊNCIA É UMA VIRTUDE, TALVEZ *A* VIRTUDE

Neste capítulo, discutimos as regras básicas de etiqueta no mundo dos negócios, e as quais eu vejo as pessoas quebrarem com frequência, com os piores resultados possíveis. Entretanto, não foi minha intenção apresentar um guia completo de boas maneiras para o ambiente empresarial. Caso viva tempo suficiente no mundo empresarial, certamente estará envolvido em muitas situações bizarras e intrigantes que nenhum livro jamais tocou.

É importante compreender o que são as boas maneiras no sentido mais amplo, para poder manter sua compostura independentemente dos desafios que se apresentarem em seu trabalho.

Bons modos dizem respeito a compaixão e respeito, como expõe a "Srta. Maneiras"; na dúvida, tente ser um ser humano decoroso.

Maneiras querem dizer também conhecimento. Portanto, tente aprender as regras do espírito esportivo para cada atividade relacionada ao trabalho.

Finalmente, bons modos também querem dizer paciência.

As pessoas que desenvolvem as melhores marcas na vida organizacional tendem a ser impacientes em relação a resultados, mas muito pacientes ao lidar com pessoas e situações à sua volta.

> **Maneiras dizem respeito a:**
> - **compaixão e respeito;**
> - **conhecimento;** e
> - **paciência.**

Elas tentam entender as preocupações de seus colegas antes de se queixarem sobre suas próprias. Deixam passar oportunidades de impressionar o chefe para permitir que a mulher deste se sinta à vontade. Abrem mão do segundo copo para manter seu autocontrole. Mantêm em segredo um caso amoroso, embora seria muito mais divertido ostentá-lo.

A essência dos bons modos no mundo dos negócios é a habilidade de recuar, respirar profundamente e decidir sobre o que se deve dizer ou fazer – mesmo que todas as demais pessoas na sala estejam mergulhadas em alguma forma de gratificação instantânea ou coisa parecida.

Portanto, sempre que puder, dê um momento para fazer a coisa generosa, educada, discreta e digna, e provavelmente você será considerado extraordinário pelas pessoas que o estarão julgando. Líderes inteligentes entendem o *real* significado de boas maneiras: ter a autodisciplina necessária para se tornar um líder por si mesmo.

REGRA

5

KENNY ROGERS ESTÁ CERTO

Até agora, passamos bastante tempo falando sobre como é crucial ir atrás de oportunidades para construir sua marca. Entretanto, se sua meta for uma grande carreira, é necessário escolher suas batalhas e evitar gastar tempo e energia em esforços que nunca levarão sua marca para a frente.

Há algumas situações nas quais você já perdeu o concurso para construir sua marca mesmo antes de entrar em campo. Nesses casos, a coisa mais inteligente a fazer talvez seja desistir de tentar impressionar as pessoas, reduzir suas perdas e ir atrás de outras oportunidades. Mesmo assim, muito frequentemente pessoas ambiciosas se recusam a reconhecer quando seus esforços de construção de marca tornaram-se um exercício inútil e quando é chegado o momento de mudar de estratégia.

Na música "The Gambler", Kenny Rogers canta: "Você tem de saber a hora de segurar as cartas, tem de saber quando passar a vez".

Kenny está certo. É preciso saber essas coisas. Neste capítulo, falaremos sobre o momento de "segurar as cartas" (permanecer numa empresa) e o momento de "passar a vez" (sair da empresa em busca de uma oportunidade melhor).

NEPOTISMO QUER DIZER "VOCÊ, NÃO"

Como mencionei antes, cresci na casa que ficava em cima do armazém que meu avô possuía em Utica, no estado de Nova Iorque. Eram imigrantes que trabalhavam duro e que tinham um filho brilhante que se tornou professor universitário. Infelizmente, ele também acabou virando um jogador degenerado e acabou perdendo a loja, nossa casa e tudo que meus avós tinham arduamente construído. Então minha infância teve, definitivamente, seu elemento da "dura escola da vida", e as pessoas costumavam me chamar de uma história de "Horatio Alger"[17].

Elas quase sempre dizem para mim: "Você não está feliz com a criação que teve?".

Minha resposta é sempre a mesma: O quê! Está brincando comigo? Eu preferiria que meu sobrenome fosse Hancock com grande prazer. Eu teria deixado para trás muitas de minhas dolorosas lições de vida.

Nos negócios, o melhor atributo de marca que se pode ter é o sobrenome correto: Ford, Rockefeller, Vanderbilt, du Pont, apenas para citar alguns.

> Nos negócios, o melhor atributo de marca que se pode ter é o sobrenome correto.

Isso é verdade em um negócio de família como, por exemplo, uma revenda de automóveis, e até pode ser verdade em grandes empresas: o Family Firm Institute estima que 60% das sociedades americanas e corporações são familiares. É verdade, em todo lugar, que os chefes ou proprietários têm ambições dinásticas. Se você tiver o sobrenome correto e uma pequena competição dentro da família, suas chances de chegar ao ápice são excelentes.

Por exemplo, alguém acreditaria que Bill Ford, nomeado CEO da Ford Motor Company em 2001 e que ficou no cargo até 2006, seria o melhor de todos os possíveis executivos para dirigir a empresa com a saída de Jacques Nasser? Vamos dar crédito a Bill Ford. Ele era inteligente; era talentoso; foi alguém muito inovador para a indústria automobilística – um ambientalista. Mas como muitos analistas de negócios apontaram, sua ex-

---

[17] Característico dos protagonistas dos romances de Horatio Alger, que começam a vida na pobreza e alcançam o sucesso e riqueza com honestidade, trabalho árduo e comportamento virtuoso. Fonte: *Random House Webster's Unabridged Dictionary*. (N.T.)

periência administrativa era limitada. Seria ele realmente a pessoa mais indicada para o cargo?

Talvez sim. Porém a verdade é que não teria de ser necessariamente ele. A família Ford, que ainda controla 40% das ações da Ford Motor Company, obviamente o quis lá.

O que acontece, entretanto, se lhe falta este particular atributo de marca, como acontecia com Jacques Nasser na Ford? Nesse caso, você pode muito bem dedicar 30 anos à empresa, como ele fez, para acabar descobrindo que sua ascensão a CEO foi prejudicada por um estranho arranjo de divisão de poderes com o filho favorito, para então ser chutado após alguns poucos anos, quando esse último estivesse pronto para assumir o cargo.

Mesmo que você suba ao topo de uma empresa familiar e tenha um alto cargo, nunca será visto pela família como alguém que deveria estar no comando da empresa. Você estará mais para alguém que "esquentará a cadeira" do que para aquele que realmente ocupará o cargo de presidente. E não são só os CEOs e os possíveis candidatos a esse cargo que vão acabar tendo suas ambições frustradas nesse tipo de empresa, mas todos aqueles que, em algum momento, tenham concorrido com um membro da família.

Infelizmente, em negócios geridos por uma família, é muito fácil se iludir, acreditando que você possa ter sucesso com base só no mérito. Pode ser que o patriarca ou a matriarca o trate de forma bem calorosa e você comece a se ver como um membro da família. Bem, as ruas estão cheias de cadáveres de jovens executivos que pensavam que eram tidos como filhos.

É importante entender o tipo de pensamento que vigora nessas empresas quando se está concorrendo com chefes dinasticamente preparados. Em sua biografia *The Imperial Rockefeller*, sobre Nelson Rockefeller, Joseph Persico conta uma história fascinante, do tempo em que este era governador de Nova Iorque, e que ilustra perfeitamente esse estado de espírito.

Persico, que era quem escrevia os discursos do governador, estava em uma reunião em Kykuit, na casa dos Rockefeller, para discutir com o diretor de orçamentos, T. Norman Hurd, um esboço de um comunicado sobre o orçamento do governo. Não importava que Hurd tivesse um título de PhD e fosse "uma eminente autoridade em finanças públicas". O governador permitia que seu filho de três anos, Mark, ficasse interrompendo-o continuamente:

"Quando o Dr. Hurd começou a falar novamente, a criança começou a falar também. Nelson parou para escutar, não o Dr. Hurd, mas seu filho".

Persico conclui: "Nelson Rockefeller estava transmitindo uma lição, não verbal, absorvida de seu próprio pai – 'Essas pessoas trabalham para nós. Não se preocupe com a idade ou posição deles, pois eles devem respeito a você'".

Donos de empresas familiares não precisam ser um Rockefeller para pensar assim. Então se você for subalterno ao pai ou à mãe, prepare-se para o ser também ao filho. Não importa o quão brilhante você seja ou sua importância dentro da organização. Acostume-se a ser simpático com aquela criança, cuja festa de aniversário ou de formatura você acabou de participar, pois logo ela será seu chefe.

Mesmo que a criança demonstre não ter nenhum interesse ou aptidão para os negócios, existe a grande possibilidade de, em algum momento, ela perceber as irresistíveis vantagens de começar a carreira como herdeiro escolhido. Isso realmente ocorreu em uma empresa para a qual trabalhei. O filho do fundador da empresa acabara de concluir o colegial, e me lembro de ter ido a uma festa e o escutado criticar os negócios de seu pai sem piedade. Ele estava indo para Harvard e não queria nem saber desse tipo de trabalho. Não é preciso dizer que hoje ele é o presidente da empresa. E aqueles que um dia pretenderam dirigir aquela organização, na verdade nada mais fizeram que manter a chama viva até o retorno do filho pródigo.

> Num negócio familiar, se você não tiver o sobrenome correto, sua marca será sempre deficiente. Ela nunca será a de um verdadeiro líder.

Famílias não fazem negócios para passar para outros que não pertençam a elas. Numa empresa familiar, se você não tiver o sobrenome correto, sua marca será sempre deficiente. Será a marca de um gestor, de um funcionário respeitável, de um valioso empregado doméstico, mas nunca mesmo a de um verdadeiro líder.

Mesmo que você *se case* com alguém da família, ainda assim sua marca terá deficiências. Vai ter de competir com seus cunhados que irão sempre vê-lo como um intruso. E isso não mudará, não importa quantos *ouzos*[18] você beba com os parentes de sua mulher.

---

[18] Licor típico da Grécia, aromatizado com anis. (N.T.)

Famílias podem ser notavelmente frias na distinção entre quem ou não compartilha seu DNA. Um consultor para empresas familiares recomenda que elas desenvolvam "credos" que expressem algo como direito a voto e posse de ações. Ele usa como exemplo positivo um credo que diz mais respeito às regras de elegibilidade para o Westminster Dog Show do que para negócios: "Somente membros de sangue da família e seus descendentes podem ter ações e direito a voto". E, sabe Deus, mesmo que lhe tenha sido permitido uma voz na companhia, na qualidade de agregado, é melhor nem pensar em divórcio se quiser manter sua carreira intacta.

> Caso se case com alguém da família que é dono do negócio, nem pense em se divorciar.

A desvantagem final de ser alguém de fora, em qualquer nível, em uma empresa familiar, é ter sua carreira machucada por fragmentos de granada. À medida que os negócios da família vão atravessando gerações, o número de potenciais herdeiros cresce exponencialmente, assim como os ressentimentos sobre quem merece o quê. Todas aquelas antigas questões sobre quem puxou o cabelo de quem, quem não fez as tarefas mais árduas ou quem derrubou a tampa da caixa de brinquedos na mão de quem ressurgem nos negócios. De acordo com o Family Firm Institute, somente 30% dessas empresas sobrevivem à segunda geração, e 12% à terceira. Muitas se dissolvem em feudos familiares.

Alheio à sua vontade, é bem provável que você termine numa situação onde terá de escolher de que lado ficar numa disputa entre irmãos, fazendo com que sua carreira saia dos trilhos caso faça a escolha errada.

Meu conselho é: aprenda o máximo possível em empresas familiares; mas quando chegar a hora de você liderar, encontre outra "caixa de areia" para brincar.

SE UMA GANGUE CONTROLA A CORRIDA DE CAVALOS, ESTABELEÇA-SE EM OUTRO SEGMENTO

Certa vez, quando eu estava deixando uma companhia chamada Commercial Credit e, analisando ofertas de emprego, tive um ótimo conselho de seus gerentes seniores. Estava em dúvida entre um cargo na John Hancock ou aceitar um alto cargo na corporação controladora, a Control Data, em sua matriz em Minneapolis.

Embora não fossemos particularmente próximos, ele estava sendo um pouco desleal à empresa ao tentar me indicar o rumo certo. "Permita-me lhe dizer uma coisa", disse ele. "Você nunca terá uma carreira ascendente em Minneapolis porque a companhia é dirigida por uma *tong* escandinava." Ele usou a palavra *tong* para significar uma gangue chinesa.

Ele prosseguiu: "A *tong não gosta* de ninguém, a não ser pessoas do Meio-Oeste de origem escandinava. Eles nunca vão deixar você entrar. Se quiser uma grande carreira, você deve ir para um ambiente que aceite bem as diversidades, onde pelo menos exista alguma chance".

Essa conversa foi a razão primária para ter optado pela John Hancock. Verifiquei quais eram as pessoas que ocupavam os andares da diretoria da empresa e encontrei o oposto do que se espera de uma antiga e conservadora financeira de Boston. A liderança era razoavelmente diversa: dois judeus, um brâmane, dois irlandeses e um homem originário do Meio-Oeste. Eu sabia que poderia crescer lá.

Claro, estávamos na metade dos anos 1980. Você pode pensar que desde lá todas as gangues exclusivistas, que anteriormente discriminavam pela raça, etnia, religião, sexo ou orientação sexual foram banidas por causa de leis melhores e mais justas, além de um povo informado. Nem tanto.

Ainda existem lugares onde é provável que as portas se fechem para você somente pelo fato de ser quem é.

Wall Street é um ótimo exemplo. Mesmo nos últimos tempos, uma *tong* poderosa de Neandertais ainda torna o local difícil para mulheres construírem uma marca profissional. É famosa a cultura *boom boom room* que impera em corretoras e operadoras da Bolsa de Valores, onde as mulheres são obrigadas a lidar com o comportamento chauvinista de seus colegas. Mas o que diz mais respeito a este livro é o fato de elas serem bloqueadas no processo de promoção e impedidas de construírem marcas que expressem liderança.

A Comissão Federal para Iguais Oportunidades parece pensar assim. Em 2001, ela processou a Morgan Stanley por discriminação por sexo, estimando que, desde 1995, cerca de 100 mulheres tinham sido injustamente preteridas, isso apenas em uma única divisão da empresa. A empresa fez um acordo em 2004 e, como informou o *The New York Times*, fez o mesmo em outro processo de discriminação por sexo em 2007.

Mesmo no século XXI, é questionável a velocidade com que Wall Street está mudando. Considere, por exemplo, a Smith Barney, cujo escritório de Garden City em Long Island abrigava um local chamado de *boom boom room*, que passou a ser o apelido do processo de assédio sexual e discriminação movido contra essa empresa. No final de 1997, no acordo deste caso, a companhia concordou em gastar 15 milhões de dólares em programas de diversidade. Mas esse acordo parece não ter transformado completamente a empresa.

Como relatado pelo Forbes.com, em abril de 2008, o Citigroup, controlador da Smith Barney, concordou em pagar milhões para 2500 corretoras que reclamaram que estavam sendo impedidas de competir em igualdade de condições por novos clientes, pagamentos e promoções.

Encare os fatos. Há muitos elementos em sua marca com relação aos quais você nada pode fazer – eles simplesmente vêm no pacote. Pode ser que você seja um filho adotado, tenha vindo de uma faculdade pública, e não de uma escola da *Ivy League*[19], seja uma mãe solteira ou nascido na França.

Se quiser construir uma grande carreira, você não pode se dar ao luxo de desperdiçar anos num lugar onde a estrutura de poder seja resistente à sua marca, independentemente de sua performance. É bem provável que você nunca chegue ao topo em uma organização gerida por uma "gangue", embora sempre haja a possibilidade de ser o pioneiro a quebrar tal domínio. Claro que em Wall Street os salários são tão altos que, para algumas mulheres, correr esse risco vale realmente a pena.

> **Não gaste anos num lugar em que a estrutura de poder seja resistente à sua marca simplesmente pelo fato de quem você é.**

Entretanto, é importante ser realista. Numa organização onde a liderança é preconceituosa com você, será necessário gastar muita energia para atravessar a muralha de parcialidade levantada pela empresa. A mes-

---

[19] Grupo de oito universidades de grande prestígio no nordeste dos Estados Unidos como Yale, Harvard e Princeton. (N.T.)

ma energia que, em outro local, poderia ser utilizada na conquista de fama, poder e dinheiro em um campo sem fronteiras.

Certifique-se de ter tomado uma decisão consciente ao trabalhar em lugares com esse tipo de preconceito.

NÃO FIQUE "PASTANDO" POR MUITO TEMPO

Vamos falar sobre outro lugar onde as pessoas perdem, rotineiramente, a perspectiva das reais chances de construir uma marca forte e independente: as sociedades estabelecidas, tais como escritórios de advocacia, de contabilidade, de arquitetura e empresas de consultoria.

A dinâmica básica destes lugares é que o mais velho tem vantagens sobre o mais novo. Eles contratam os mais brilhantes diretamente das faculdades de maior prestígio. Eles podem pagar bem esse pessoal, mas os forçam a trabalhar 14 horas por dia, 6 dias por semana, durante anos, gerando grandes faturas para seus clientes, fazendo atividades que podem estar bem abaixo de suas habilidades, sob condições que podem ser frias, inamistosas e depreciativas – tudo em troca de uma chance mínima de se tornar sócio.

O jovem estará disposto a suportar essa exploração, não só por causa do dinheiro que virá quando se tornar um sócio, mas também porque anseia pela legitimidade e aceitação que esse *status* representa.

Essas sociedades utilizam todas as vantagens desta psicologia. Elas são muito parecidas com as fraternidades da faculdade, quando convencem os calouros a fazer todo tipo de coisas humilhantes e autodestrutivas, sabedores da grande vontade destes em fazer parte do clube.

De fato, trabalhar nessas sociedades é o mais longo *trote* registrado.

Isso certamente parece como se em 2002, por exemplo, a vida como associado do escritório de advocacia Clifford Chance fosse o equivalente a passar, dia após dia, pela experiência de ficar nu com a cueca na cabeça.

Após ficar no último lugar em nível de satisfação dos associados entre os 132 escritórios de advocacia pesquisados naquele ano pela *American Lawyer*, a Clifford Chance pediu para seis de seus associados escreverem um memorando dizendo porque seus colegas detestavam tanto essa empresa.

O memorando citava inúmeras fontes de infelicidade entre eles, incluindo uma draconiana exigência de gerar um grande número de horas a serem cobradas dos clientes, a injustiça com que a alocação de atividades que determinariam as chances de um associado tornar-se um sócio eram distribuídas, e o desprezo geral dos sócios para com os associados. Entre os diversos comentários, tínhamos: "Os sócios 'odeiam' os associados". Um deles mencionou que um sócio disse aos gritos: "Você nos pertence".

A síndrome de "chutar o cachorro" é familiar. Durante anos, vi milhares de jovens com MBA, JD (*Juris Doctor*) e CPA (Contador Certificado) irem atrás de oportunidades com homens velhos e desagradáveis que geralmente eram bem menos inteligentes que ele. E a atitude desses velhos era: "Eu aguentei 'pastar', meu avô também, e agora você também irá passar por isso. E eu não ligo se seu pai é um membro do meu clube. Não quero vê-lo lá em nos meus jantares".

Obviamente há algumas coisas que devem ser ditas a respeito de passar algum tempo nesse tipo de sociedade. Inicialmente, mesmo que você saia antes de se tornar um sócio, ter o nome McKinsey & Company, Pei Cobb Freed & Partners, ou Cravath, Swaine & Moore em seu currículo vai adicionar à sua marca algumas estrelas de qualidade.

Em segundo lugar, uma vez que esses lugares normalmente atraem clientes de prestígio e têm um amplo espectro de necessidades, você pode aprender muito, muito mesmo.

Uma coisa que jovens inteligentes fazem de errado é se tornarem viciados em "pastar" nesse tipo sociedades. Eles procuram de forma tão obstinada tornarem-se sócios que acabam não raciocinando em relação às suas reais chances. Segundo algumas estimativas, somente 2% ou 3% dos novos contratados em empresas de contabilidade acabam chegando ao *status* de sócio. As possibilidades são igualmente pequenas em escritórios de advocacia. A Cravath, Swaine & Moore, por exemplo, possuía, no começo de 2002, 293 associados, sendo que nos três anos anteriores, somente 6 tinham se tornado sócios.

É importante entender que os sócios existentes relutam em transformar *qualquer pes-*

> **Numa sociedade, não fique tão viciado ao lugar a ponto de não raciocinar em relação às suas reais chances de se tornar um sócio.**

soa em sócio. E se são hostis aos associados, é porque o que estes estão lhes pedindo é abrir mão de parte de suas ações.

Eles não compartilharão suas participações a não ser que fique bem evidente a possibilidade de você aumentar o tamanho do bolo, trazendo novos negócios. Essas sociedades respeitam, acima de tudo, os caçadores. Infelizmente, muitas pessoas inteligentes não têm o espírito de caçador em sua natureza. Muitas delas têm características mais analíticas, que preferem só tirar a pele.

Se for um tirador de peles, encare os fatos: é improvável que você vá se tornar um sócio. Então tente evitar a armadilha em que muita gente cai: ficam tanto tempo perseguindo uma coisa que nunca será materializada até passar do ponto em que a experiência já não adicionará mais nada às suas marcas pessoais.

> **Se você não for um caçador, não se tornará um sócio. Então não permaneça na empresa se a experiência não estiver adicionando nada à sua marca.**

Na realidade, quando você se aproxima dos 35 anos sem se tornar sócio, sua marca não apenas para de crescer como também passa a parecer realmente contaminada pelo seu empregador.

Você começará a parecer caro e difícil. Nesse momento, você já pagou seus tributos, provavelmente tem uma família e deve estar bem menos ansioso para pegar um voo às oito da noite para Topeka ou Cleveland a fim de acompanhar um cliente.

Os sócios começam a pensar que podem comprar o que quiserem mais barato e mais novo. Eles são bem parecidos com aqueles homens de meia-idade bem-sucedidos em busca de uma segunda esposa. As pessoas acreditam que estes sempre procuram uma "mulher-troféu" de vinte anos por causa da aparência. Na verdade, isso acontece porque as mulheres jovens são muito mais flexíveis, facilmente impressionáveis e capazes de venerá-los.

> **Coloque-se em liberdade condicional. Se por duas vezes perder a chance de se tornar sócio, saia.**

Essas sociedades também preferem a flexibilidade, a ingenuidade e a veneração.

"Bem, desculpe-me", os sócios começam a pensar, "Estamos pagando para este sujeito US$ 250.000 por ano mais bônus, ele não gera tantos negócios assim e ainda fica reclamando das viagens e do horário. Bem, quer saber? Podemos ir até Stanford ou à New York University e comprar dois formandos tão inteligentes quanto – e bem mais cooperativos – pelo mesmo preço".

Não é necessário dizer que não é a melhor coisa para sua marca passar 10 ou 15 anos como se fosse um novato para acabar sendo abruptamente despedido.

Para construir uma marca profissional que se mantenha forte, seja você sócio ou não, é necessário ter disciplina em seus propósitos. Se pessoas que foram admitidas junto com você estiverem sendo promovidas e você não, coloque-se em liberdade condicional. Se isso acontecer novamente no ano seguinte, peça demissão.

Se em duas oportunidades deixarem de lhe dar uma promoção em favor de outro, é melhor procurar uma alternativa melhor em outro lugar.

SE FOR TALENTOSO, ESTEJA CERTO QUE TENTARÃO ARRUINÁ-LO

Na vida organizacional, o que não faltam são narcisistas entre os altos escalões. Mas os empreendedores são uma classe especial: são os narcisistas dos narcisistas.

Eles geralmente possuem todas as boas qualidades do narcisismo em excesso: uma personalidade carismática, uma habilidade de pensar grande e de inovar, e um dom para inspirar seus seguidores. E têm também em excesso todos os defeitos. O antropólogo e psicólogo Michael Maccoby engloba os problemas dos líderes narcisistas desta forma:

> "De todos os tipos de personalidade, os narcisistas correm o grande risco de se isolarem em momentos de sucesso. E por causa de sua independência e agressividade, eles estão constantemente procurando inimigos, o que muitas vezes acaba degenerando em paranoia quando submetidos a grande estresse".

Obviamente, é complicado ser favorável a quem está "constantemente procurando inimigos" e é difícil tornar-se um poder independente sob o jugo de um paranoico. Então empresas cujos donos são empreendedores repre-

> **Empresas geridas por empreendedores são perigosas para pessoas que esperam construir uma marca pessoal poderosa.**

sentam um perigo especial para quem deseja construir uma marca pessoal poderosa.

Sim, você pode aprender muito com esses *cowboys*. Mas não é inteligente ficar muito tempo com eles por algumas razões.

Primeiro, com empreendedores, tudo é pessoal. Tudo é um reflexo deles. Então, na prática, eles sempre tentarão colocá-lo numa posição de "você me deve essa". Eles são capazes de lhe dar três semanas de folga caso você precise.

Eles até podem lhe mandar um peru no Natal. Ou então lhe emprestar dinheiro para a construção de sua casa. Mas para eles tudo isso não é seu mérito e nem é de graça. É um favor tendo em vista atá-lo.

Na visão dos empreendedores, querer independência ou reconhecimento representa traição. Quase sempre você vai acabar traindo-o.

> **Quatro razões que tornam difícil construir uma marca quando se trabalha para um empreendedor:**
> 1. Tudo é pessoal e qualquer sinal de independência é considerado traição.
> 2. Os empreendedores são insanamente controladores.
> 3. Eles não gostam de dividir.
> 4. Gostam de fazer de seus funcionários verdadeiros soldadinhos de chumbo.

Sílvio, o rapaz que possuía uma sapataria na cidade de Nova Iorque onde eu consertava meus sapatos, é um exemplo perfeito. Havia um sapateiro que trabalhava para ele há 50 anos. Ele estava com 81 anos e doente, e queria se aposentar.

Ele mal podia martelar um salto. Será que o Silvio entendia isso?

Não. Ele se achava usado. "Ah", disse Sílvio, "ele está me deixando, após tudo o que fiz por ele!". Sílvio não ficaria feliz a não ser que o homem morresse engraxando um par de sapatos Oxford.

Com um empreendedor, a única alternativa à traição é a escravidão. Em muitos empreendimentos, os empregados veneram realmente seus brilhantes e idiossincrásicos senhores, e farão qualquer coisa por ele, inclusive limitar o desenvolvimento da própria carreira. Nada inteligente. Não se permita ficar preso por gratidão ou carisma a ponto de sua marca não poder crescer.

Em segundo lugar, empreendedores são controladores insanos. Os melhores são déspotas benevolentes. Os piores são excêntricos. De fato, o hábito de conseguirem o que querem realmente os encoraja a desenvolver manias e a impô-las às pessoas que trabalham para eles.

Certa vez tive um cliente que levava suas caprichosas ideias estéticas a extremos insanos. Ele tinha o seu saguão reprojetado no alto estilo moderno da década de 1970, com o módulo da recepcionista em branco, parecendo uma casca de ovo. Certo dia saiu do elevador e olhou para sua recepcionista, uma mulher branca. Ele disse: "Tenho certeza de que você é boa no que faz, mas tem a cor errada. Não combina com a casca de ovo".

Ele a demitiu e contratou uma mulher negra para obter um contraste visual.

Eu trabalhei para outro empreendedor que era igualmente caprichoso em outro sentido. Certo dia viu os funcionários de nossa firma comendo em suas mesas de trabalho e achou aquilo horrível.

Então emitiu uma norma de que não é permitido comer no ambiente de trabalho. Claro, ele também tinha uma outra diretiva: Se não estiver com um cliente, não é permitido sair para almoçar. Então, na realidade, estávamos proibidos de comer.

O cara não voltou atrás até eu deixá-lo envergonhado ao organizar um movimento "sob a mesa". Paramos de comer *sobre* as mesas e passamos a comer *sob* elas.

Se o empreendedor quer controlar a aparência do escritório, a forma como você se veste ou então o tipo de comida do refeitório da empresa – como muitos fazem –, pode ter certeza de que ele vai querer controlar a forma como você trabalha. Se trabalhar para um empreendedor desse tipo, prepare-se para fazer as coisas do modo dele.

Empreendedores não gostam de dividir. É a terra deles e você é um servo que trabalha nela. Na melhor das hipóteses, você pode ficar com o que plantou. Mas quando for pedir para comprar o terreno, geralmente enfrentará problemas.

Eles são sempre mesquinhos com relação à participação em sua empresa. Mesmo que sejam generosos para lhe dar ações, é quase certo que eles não vão querer dividir coisas que são ainda mais importantes para um construtor de marcas: créditos pelo sucesso e nenhum grau de controle.

> Quase sempre, a pior coisa que você pode fazer, sob o ponto de vista de um empreendedor, é ser bom em seu trabalho.

Empreendedores são bem-sucedidos precisamente porque acreditam que são sempre os mais inteligentes da sala e cruciais em todas decisões. Se você demonstrar qualquer habilidade para tomar decisões sem eles, cuidado. Quase sempre a pior coisa que você pode fazer, na visão deles, é ser realmente bom no seu trabalho.

John H. Patterson, o empreendedor que fundou a National Cash Register Company (NCR) em 1884 e estabeleceu o "padrão ouro" de comportamento autocrático, tinha um lema simples: "Quando um funcionário se torna indispensável, é hora de despedi-lo".

Ele também tinha o que Mark Bernstein, da *Smithsonian Magazine*, chamou de "um gênio absoluto para demitir pessoas". Ao chegar ao trabalho, um executivo descobriu que havia sido dispensado, encontrando a mobília de seu escritório no gramado frontal da NCR – em chamas.

Entre as pessoas cuja força irritou Patterson estava Thomas J. Watson, que foi em frente e fundou a IBM logo após ser despedido. Mesmo hoje, ter força é ainda uma ofensa digna de demissão em muitas empresas de empreendedores.

Lembre-se de que qualquer poder que você obtenha nesse tipo de empresa não é realmente seu. Será retirado a qualquer momento, aos sabores do rei.

Finalmente, empreendedores estão sujeitos à síndrome do "soldadinho de chumbo" com as pessoas que venham a trabalhar para ele. Eles são o equivalente, no mundo dos negócios, à criança mimada que vai a loja de brinquedos FAO Schwarz e quer o maior e mais brilhante soldado da vitrine. Ela o ganha, vai para casa e brinca com ele por algum tempo. Então quebra suas pernas e o abandona num canto.

E dada a inerente paranoia de muitos empreendedores, talvez não seja suficiente somente despedi-lo, uma vez que agora você não é mais brilhante e ele já se cansou de você. Em vez disso, você tem de ser pulverizado. Suas comissões podem ficar retidas, sua reputação pode ser atacada ou até ser processado – nada que vá adicionar brilho à sua marca.

É muito mais inteligente ir embora antes de provocar esse grau de vingança. Empresas empreendedoras são ótimos lugares para se ganhar experiência, até que se tenha condição de ter poder por mérito próprio. Nesse momento, será melhor procurar um local que não se pareça com uma monarquia absolutista e onde você possa construir sua marca.

> **Companhias dirigidas por empreendedores não são locais adequados para se tornar líder por mérito próprio.**

Construir uma carreira requer muita disciplina. Há grande chance de você se encontrar em uma organização onde seja estruturalmente impossível crescer.

Sua sensação pela empresa pode ser de frustração, de conforto ou até mesmo de felicidade. Mas algo que você não deve fazer é continuar lá.

Quando, por qualquer razão, seu caminho para a frente estiver bloqueado, reúna coragem e saia. Se sua marca estiver sendo sufocada, é hora de pegar suas cartas e procurar outro jogo.

REGRA 6

SEMPRE É HORA DE ESPETÁCULO

É da natureza do contador de histórias favorecer o que é dramático e ignorar o que não é. É seguro dizer que muitas das histórias deste livro, até agora, lidaram com grandes eventos – momentos de vitória, tragédia ou estupidez impressionantes que são decisivos em uma carreira.

Mas não quero passar uma ideia errada. Reputações não são normalmente geradas pelos grandes eventos. Elas podem ser arruinadas por um grande evento – o escândalo que pode matá-lo –, mas raramente são feitas por um grande movimento positivo.

É verdade, aquela apresentação fantástica que você fez e que trouxe um grande cliente pode abrir os olhos de seu chefe para seu potencial. Pode ainda fazer com que você ganhe uma promoção. Mas uma semana depois, a atitude básica dos chefes é: "O que você andou fazendo por mim ultimamente?".

Para a maioria dos casos, não é um simples grande evento que vai defini-lo, mas os padrões que você estabeleceu, tijolo por tijolo, com o passar do tempo. É o seu comportamento do dia a dia no ambiente de trabalho que dá forma à sua marca – como lidar com pessoas, como tomar decisões, quais são seus hábitos, no que você parece ser bom e no que parece ser ruim. E não importa qual transação você ache que esteja ocorrendo durante seu dia

> **Reputações são normalmente construídas tijolo por tijolo pelo seu comportamento no dia a dia.**

de trabalho e quão trivial ou chata ela pareça, há sempre uma outra transação acontecendo que diz respeito a você e à impressão que está causando.

Infelizmente, para sua carreira, muitas pessoas prestam pouca atenção à forma com que lidam com as coisas mundanas. Elas têm a ideia errada de que a única coisa que importa é conseguir um cliente, e não em ser agradável com o assistente do chefe em um dia qualquer.

Isso explica porque há uma tremenda diferença entre as reputações que as pessoas acreditam que estão construindo e aquelas que realmente constroem. As pessoas pensam que seus colegas e chefes estão atualizando o placar somente no dia do jogo, mas não nos de treino. Entretanto, se estiver sempre em exposição, os números do placar estão sempre mudando, e é possível que se esteja cavando um buraco tão grande para si próprio, que mesmo um grande desempenho no dia do jogo não seja suficiente para se sair dele.

> **Você sempre está em exposição. Quando se trata de sua marca, não existe transação que não seja levada em conta.**

Aprendi essa lição de forma dura na qualidade de um jovem gerente. Duas décadas atrás encomendei uma pesquisa anônima, na qual as pessoas que trabalhavam diretamente para mim eram questionadas sobre o que pensavam a meu respeito.

Quando recebi os resultados, fiquei atônito. Como chefe, eu me considerava rígido, mas razoável, com espírito de empresa, mas compreensivo. Mas claramente minha conduta diária deu uma impressão bem diferente. As pessoas diziam que eu não dava ouvido a eles. Que quase sempre eu pensava que estava certo. Que eu não considerava ideias que não fossem as minhas.

Bem, não que eu considere popularidade importante, porém penso que ser razoável e aberto é vital, porque não se pode tocar um negócio bem-sucedido sem dissidência inteligente. A última coisa que eu queria era a reputação de ser incapaz de ouvir as pessoas que trabalhavam para mim. Daí por diante, tentei alinhar meu comportamento diário com esses valores, que considerava importantes, e com a marca que eu esperava criar. Certamente nunca atingi a perfeição, mas me tornei um gerente mais parecido com aquele que eu gostaria de ser.

E eu nunca teria chegado a ser um CEO caso não tivesse mudado. A verdade é: a importância da forma como você se comporta, no dia a dia, somente aumenta quando se sobe em uma organização. À medida que a pirâmide se estreita, há cada vez menos oportunidades para promoção, e a concorrência por ela fica cada vez mais feroz. Pequenas coisas significam cada vez mais, pois seus chefes estão procurando formas de distinguir entre você e seus colegas, igualmente inteligentes e cheios de qualidades.

O mesmo ocorre em qualquer empreendimento de alta competitividade. Quando, por exemplo, um ator de cinema está sendo cogitado para um dado papel, contra centenas de outros atores, ele já possui os pré-requisitos do tipo que irá representar. Isso é certo. Então serão as pequenas coisas que irão diferenciá-lo. O produtor diz: "Sabe, eu gosto do jeito que esta pessoa caminha pela sala". E é isso que decidirá quem ficará com o papel.

> À medida que se cresce numa organização e a competição fica mais acirrada, as pequenas coisas passam a significar cada vez mais.

Nos negócios, o seu andar pode não ser o fator decisivo, mas um grau de elegância na maneira com que você se comporta em momentos que não considera importantes pode muito bem vir a ser.

A verdade é: nenhum momento é irrelevante. Com tudo o que faz, você estará sempre adicionando e subtraindo coisas em sua marca. Portanto, é importante estar consciente da impressão que causa, diariamente.

Para contrabalançar todas as histórias de grandes eventos deste livro, vamos olhar os dilemas de marca afetados por pequenos eventos em um dia bem comum.

6:30 DA MANHÃ: VOCÊ SABE O QUE VAI VESTIR?

Você acorda às 6 horas numa terça. Já teve muitas outras terças-feiras na sua carreira, nada de mais. Toma banho e pensa na sua agenda para o dia.

Vai se encontrar com um cliente? Com o chefe? Vai fazer uma apresentação? Vai ao aeroporto? Vai almoçar?

Essas questões levam a muitas outras enquanto você decide o que vai vestir. Será levado mais a sério se colocar um terno? Ou será visto como uma pessoa inflexível?

Se você for uma mulher de 1,78 m e vai se encontrar com um homem de 1,67 m, usará um sapato com ou sem salto? Você não quer que ele pareça um baixinho. Ou talvez queira.

Que perfume? Que colônia? Em que quantidade?

O fato é que uma série de decisões a serem tomadas surge toda manhã antes mesmo de você ter vestido sua calça ou vestido. Se não estiver fazendo isso conscientemente e estrategicamente, você é um tolo.

> **Você tomará uma série de decisões antes mesmo de você ter vestido sua calça ou vestido de manhã. Tome tais decisões de forma consciente.**

Isso parece óbvio, mas aparentemente não é, uma vez que as pessoas costumam fazer tantas escolhas ruins. Por exemplo, certa vez fui a uma apresentação feita por uma mulher que, como se sabia, tinha sido realmente uma concorrente a Miss América. Talvez esse seja um grande atributo de marca, em certas situações, mas não necessariamente quando se está dando uma palestra de negócios. Entretanto, foi esse atributo que ela escolheu para exibir.

O fato de estar pesando 18 kg a mais que em seus dias de celebridade não a impediu de se vestir como se tivesse 22 anos e desfilando numa passarela. A confirmar a impressão dada por seu traje foi o fato de, ao se apresentar, ela ter se exibido. Mãos nos quadris, viradas e movimentando suavemente os ombros. Foi comicamente inapropriado.

Todas as mulheres na sala imediatamente a odiaram. Os homens aproveitaram o show, mas não a levaram a sério. Ela realmente dizia coisas com alguma substância, às quais valia a pena escutar, mas sua atitude tornou impossível ouvi-las.

Você, entretanto, é suficientemente inteligente ao vascular o seu armário para combinar seus trajes com a agenda dos afazeres do dia.

7:45 DA MANHÃ: O RAPAZ AMISTOSO E OUTRAS IRRITAÇÕES

Você mal acabou de chegar à estação de trem e já é hora do show. Na sala de espera, casualmente você se encontra com um advogado que não vê normalmente, mas que pertence a uma firma com a qual sua organização faz negócios ocasionalmente. Ele toma seu tempo com um bate-papo amistoso e acaba não dando tempo para tomar um café antes de o trem chegar.

Você não quer continuar a conversa, mas ele acaba se sentando ao seu lado no trem. Pelos próximos 20 minutos, ele pergunta o que está acontecendo em sua companhia e com seu trabalho, com suas crianças, habilmente misturando perguntas de âmbito pessoal e profissional.

Em outras palavras, ele não lhe dará chance de ler seu jornal em paz. Existem algumas escolhas nessa situação. Você deixará visível sua irritação?

Talvez sim, mas esse sujeito conhece a pessoa para quem você trabalha e o que você faz. Você causará uma impressão que ele levará de volta para seu ninho. E a firma dele poderá muito bem acabar assessorando os chefes de sua organização.

No entanto, deveria se exceder em seu desejo de ser amigável? O que você sabe é que a firma dele está lutando para obter um contrato com a sua, e ele está buscando informações que possam dar a eles alguma vantagem. Você tem de ser cuidadoso para evitar contar a esta pessoa coisas que sua organização não quer que ninguém de fora saiba.

Ao mesmo tempo, você esqueceu sua carteira. O cobrador aparece – que é o mesmo que já viu milhares de vezes – pedindo pelo seu bilhete. Você humildemente diz: "Desculpe-me. Eu esqueci minha carteira. Eu trarei o bilhete amanhã e então você poderá perfurá-lo duplamente".

Ou então poderia ser maldoso com relação ao seu erro: "Você sabe que eu posso pagá-lo", você reclama. "Você me vê no trem todo dia. Vá perfurar o bilhete de outra pessoa."

A maneira como você trata esta pessoa, que está somente fazendo seu trabalho, causará maior impacto sobre o advogado ao seu lado do que qualquer outra coisa que você faça ou diga.

Ainda não são nem 8 horas da manhã, e você já se preocupou com sua roupa, como pedir um favor a um cobrador e como manter sua reputação de discreto parecendo, ao mesmo tempo, prestativo e agradável.

Essa coisa de "guerra pela carreira" é exaustiva. Mesmo antes de chegar ao escritório você já está estabelecendo sua marca.

8:45 DA MANHÃ: MEU REINO POR UMA XÍCARA DE CAFÉ

À medida que entra no prédio, você pode cumprimentar o segurança e a recepcionista – ou não.

É uma pequena coisa, mas, novamente, pequenas coisas podem ter uma grande influência na impressão que você causa nas pessoas poderosas. No meu primeiro dia na John Hancock, meu chefe me disse: "Eu entrevistei vários candidatos para o seu cargo. E embora você tenha sido escolhido por ser o mais adequado para a função, eu vou lhe dizer uma coisa. Minha secretária me disse que, dentre todas as pessoas que vieram aqui, você foi a mais gentil".

E se eu tivesse sido rude com ela? Provavelmente não teria conseguido o emprego.

> Não pense que seu comportamento com as pessoas que considera periféricas não importa. A forma com que você trata a recepcionista pode ser vista como prova de suas habilidades gerenciais.

Em muitas organizações, talvez você não consiga crescer profissionalmente caso não saiba gerenciar outras pessoas. Para seus superiores, o que a recepcionista pensa a seu respeito pode ser uma prova de suas habilidades gerenciais – ou sua arrogante falta delas.

Mas indo às questões mais importantes. Você tem uma reunião com o seu *staff* às 9 horas e não pode sair, mas ainda não tomou sua primeira xícara de café. Como conseguir uma?

Obviamente, você pedirá à sua assistente para lhe trazer uma. Novamente, a forma de pedi-la causará uma certa impressão nela. Será que você a estará fazendo sentir-se diminuída? Ou você oferece uma troca de gentilezas: "Amanhã eu pego o café para nós dois".

9:00 DA MANHÃ: REUNIÃO DA EQUIPE E OUTROS ABORRECIMENTOS

Você entra na sala de conferências para a reunião de equipe que seu chefe promove toda semana. Frequentemente, essas reuniões são chatas para danar, nas quais se passa o tempo todo esperando, e esperando, que caia uma máscara de oxigênio do teto. É de sua responsabilidade algo que você considera crucial para a organização – digamos, desenvolvimento de produto. Mesmo assim, o chefe está preocupado com o refeitório e, portanto, você será obrigado a ficar ouvindo o "interessante" relatório dele sobre a quantidade de salgadinhos feitos naquela semana.

É um grande erro, entretanto, deixar que o enfado lhe provoque sono e tire sua atenção. Reuniões, afinal de contas, são o palco em que você constrói sua marca – ou demonstra suas piores qualidades em frente a uma audiência interessada. Toda vez que participo de uma reunião, me sinto como Ray Walston em *Meu Marciano Favorito*. Minhas antenas sobem[20].

As reuniões de equipe podem ser particularmente perigosas. De fato, nelas estarão reunidas pessoas que estão competindo com você por aumentos e promoções diante de pessoas que decidem o quanto você vai ganhar e se sua carreira será ascendente, descendente ou para fora da empresa. Independentemente de quão prestativos seus colegas sejam, o ambiente é essencialmente predatório.

> Reuniões são o palco onde você constrói ou destrói sua marca. Mantenha-se antenado.

Então, o que você faz quando o chefe se vira para você e diz: "Como estão progredindo as coisas no seu departamento?".

Você traz avidamente os holofotes para si, num desejo de brilhar mais que todos? Decide que este é o momento para solicitar alguma coisa que realmente quer do chefe: um novo rumo para seu departamento?

Qualquer uma das opções pode ser uma tolice. Ambas são contrárias às premissas básicas de uma reunião de equipe.

---

[20] Alusão ao personagem Tio Martin que, entre outros poderes, tinha o de acionar duas antenas retráteis em sua cabeça. *Fonte*: http://pt.wikipedia.org/wiki/My_Favorite_Martian. Logicamente, no contexto, o autor quis dizer ficar antenado, ou seja, atento, ligado. (N.T.)

> **Há três tipos básicos de reuniões cujas dinâmicas você deve entender:**
> - **reuniões de equipe;**
> - **reuniões para conseguir que alguma coisa seja feita; e**
> - **reuniões de "combate".**

Há três tipos básicos de reuniões cujas dinâmicas você deve entender: reuniões de equipe, reuniões para fazer com que as coisas aconteçam e as de "combate" – reuniões nas quais você estará lutando por recursos, dinheiro ou aprovação.

Reuniões de equipe são o clássico "mostra e conta" com um único propósito: uma maneira eficiente para o chefe descobrir o que está acontecendo. Claro que ele vai usar a desculpa que todos devem estar a par dos acontecimentos, mas este não é o verdadeiro propósito. Na maior parte dos casos, todos, com exceção do chefe, *sabem* o que se passa.

> **Não use uma reunião de equipe para fazer solicitações para si próprio ou para algum de seus projetos.**

Caso decida usar esse tipo de reunião para argumentar por si próprio ou por seu projeto, estará transformando uma reunião feita para servir ao chefe em algo de seu interesse, e isso não irá torná-lo muito popular.

E caso entre muito em detalhes sobre algo que está fazendo ou pretende fazer, estará deixando em vantagem as outras pessoas na sala em relação a você, vantagem esta que você não deveria estar dando a elas. Afinal de contas, elas estão competindo recursos com você. Caso dê a elas muitas informações e em primeira mão, estará dando a elas tempo para montar uma campanha contra seus projetos em favor dos delas.

Seja sagaz, dizendo o mínimo necessário e sugerindo que você está fazendo progressos, mas sem ser específico. Assim você será visto como um jogador do time ao agradecer a todos os presentes pela ajuda.

Hoje você é inteligente e sai do palco bem rápido. Infelizmente, assim que você termina, sua assistente finalmente aparece com o café que você tinha pedido.

Má ideia. De repente você vai ser visto como um elitista ao pedir que alguém o sirva nesta situação. E deixará irritado cada um dos presentes.

Com essa atitude acabará aborrecendo a assistente, pois a fez parecer uma serviçal diante de pessoas poderosas. Aborreceu o chefe porque o fez parecer mesquinho por não oferecer nada para o grupo. E desagradou o resto do grupo, porque estes também queriam café! O adágio dos antigos tempos de colégio de padres se aplica aqui: "Você trouxe chicletes em quantidade suficiente para todos? Se não, cuspa-o!".

No mínimo, seria bem mais inteligente pedir que ela deixasse o café do lado de fora e então dar uma escapadinha para tomá-lo.

Antes do terceiro gole, você é convocado a ouvir seu colega menos predileto. Vamos chamá-lo de Sr. Sigma Tau Gama. Ele é o "santinho" todo cheio de si – o mesmo cara aborrecido da associação estudantil que você desprezava na faculdade, só que com um nome diferente. Hoje ele trouxe os gráficos para fundamentar as suas ideias, por sinal, pouco interessantes! Você acredita que esse cara não é seu concorrente à promoção que deseja.

Você diz algo sarcástico? Chama-o para briga? Mostra, com o intuito de colaborar, falhas em seu plano, tal como aquela criança que, em qualquer sala de aula, levanta a mão mesmo quando alguém está falando: "Ei, ei, eu sei a resposta!".

Má ideia. Para começar, essa é uma ocasião inadequada para interromper um colega. Essas reuniões são para o chefe se sentir bem, o patriarca orgulhoso de um grande time. A última coisa que ele quer é ver as crianças brigando.

Em segundo lugar, caso construa uma reputação de alguém que argumenta acintosamente, dificilmente será visto como alguém circunspecto ou discreto – qualidades que devem ser associadas à sua marca caso queira conquistar seu chefe.

Em terceiro lugar, se embaraçar alguém numa reunião, ganhará um inimigo para sempre.

Quarto, criará uma reputação de traidor mesmo entre seus melhores colegas. Não pense que isso não seja perigoso, mesmo que não os ataque diretamente.

Certa vez, aprendi uma lição interessante em um aquário.

Eu tinha um companheiro de quarto que criava peixes de água doce e os alimentava com cerca de 15 peixinhos dourados por dia. Não havia mais do que dois exemplares de cada espécie no tanque, mas eles podiam ser divididos em três grupos. Havia os que nadavam rapidamente e abocanhavam primeiro os peixinhos dourados; os "fru-frus", no meio, que pegavam os restos de comida; e os que ficavam no fundo e esperavam até que os dois primeiros grupos tivessem digerido os peixinhos dourados.

Certo dia, meu colega se encheu de criar os peixes e parou de alimentá-los. O que aconteceu foi que os primeiros foram atrás dos "fru-frus" e depois que estes se foram, partiram para os do fundo. Daí, as coisas ficaram interessantes. Tinham sobrado seis predadores, de diferentes espécies. Mas logo era cinco contra um, depois quatro contra um e assim por diante. Era apenas uma questão de qual seria o próximo. Juntos, os peixes decidiam qual predador iriam enfraquecer e matar até que sobrasse apenas um no tanque. E, finalmente, meu companheiro fritou o último para si.

Esse aquário me ensinou que mesmo espécies diferentes vão se juntar para atacar um competidor perigoso. O mesmo vale para os negócios. Quando Ann Godoff foi demitida como presidente do Random House Trade Group, no início de 2003, o *New York Times* a fez parecer muito como um dos predadores escolhidos no caso do tanque de meu colega. De acordo com o jornal, ela foi colocada para fora "no momento que seu apoio político na companhia estava particularmente fraco, pois ela tinha alienado alguns de seus pares mais poderosos". Seus colegas do mesmo nível hierárquico das outras divisões da Random House tornaram evidente o sentimento por terem sido desprezados.

> Não crie uma reputação de atacar seus colegas. Caso ache que alguém não tem valor, é bem provável que este acabe se autodestruindo. Se, por outro lado, ele for bom no que faz, um ataque de sua parte apenas manchará a sua marca.

Cuidado ao antagonizar seus colegas. Eles podem muito bem resolver acabar com você como forma de autopreservação.

Finalmente, atacar um colega não faz sentido. Se você realmente não gosta da pessoa e acredita que ela não valha nada, é muito provável que as outras pessoas também não gostem dela nem sinta admiração por ela. Provavelmente ela vai acabar se autodestruindo. No entanto, se ela for realmente inteligente e fizer um bom trabalho, o seu ataque a ela fará com que outros se virem contra você.

No final das contas, as organizações se sentem mais confortáveis com pessoas que não se confrontam abertamente, mas que mostram que são melhores por meio de suas realizações.

Claro, como você provavelmente percebeu pelo tom deste livro, aprender a guardar comigo minhas impressões sobre meus colegas foi uma das mais duras lições que tive. Quando jovem, eu costumava me deliciar perseguindo meus colegas da Control Data. Eu realmente conseguia realizar muito mais vezes que eles, porém ao denegri-los em público eu acabava prejudicando muito mais minha carreira que a deles. Eu acabava criando um rótulo para mim de ser uma pessoa muito ambiciosa que deveria ser evitada: muito valiosa para ser dispensada, mas muito problemática para promover.

Ao demonstrar a mesma agressividade perante meus concorrentes da John Hancock, Steve Brown, meu antecessor como CEO, me deu alguns excelentes conselhos. Ele disse: "Seus concorrentes não conseguem alcançar uma bola a 130 km por hora, por que então você a está jogando a 160 km? Se diminuir a velocidade em 20%, será melhor para você".

Claro, é necessário muita autodisciplina para se abster de apontar as idiotices de um idiota. E hoje talvez você não resista a fazer uma crítica maldosa ao Sr. Sigma Tau Gama. Isso não funciona e é malvisto por todos.

9:45 DA MANHÃ: NÃO SE ESQUEÇA DE MANTER UM BOM RELACIONAMENTO COM AS PESSOAS

Agora faltam 15 minutos para as 10 horas. Você volta para seu escritório e lá ainda está uma pilha de bilhetes azuis sobre a sua mesa. Você tem de dar uma dúzia de telefonemas, e está com pressa.

Fica irritado porque teve de pegar o trem com aquele advogado. Também está irritado porque teve de participar dessa reunião estúpida de "mostra e conta" totalmente dispensável. Está irritado com você mesmo por ter sido rude com o Sr. Sigma Tau Gama. Até então a única coisa boa do dia tinha sido o fato de ter tomado um café. Mas mesmo aquilo tinha sido uma má ideia.

Então você pega o telefone e grita com todos com quem fala. Parabéns. São 10 horas da manhã e você já causou uma péssima impressão em uma dúzia de pessoas.

10:30 DA MANHÃ: VOCÊ É GERTRUDE STEIN

É hora de outra reunião de outro sabor com regras diferentes. Não é uma reunião de mostra e conta como aquela de equipe. É a de fazer alguma coisa acontecer.

Nesse tipo de reunião, o grupo está tentando chegar a algum novo e interessante produto para apresentar. O grupo inclui engenheiros, o pessoal de marketing, de vendas, alguns conhecidos seus e outros não. E, em contraste com a reunião anterior, agora você é o gerente de nível hierárquico mais alto ali presente, aquele que será a audiência da apresentação dos outros.

Não importa a finalidade desse tipo de reunião – uma nova campanha publicitária, um novo software, uma nova maneira de organizar o depósito –, ela é essencialmente mais relaxante que a reunião de equipe. Agora pessoas que imaginam e criam é que vão dominar a cena.

> **Numa reunião do tipo "fazer alguma coisa acontecer", pessoas inventivas e criativas dominarão a cena.**

Seu trabalho é ser como Gertrude Stein, escritora americana que possuía uma casa em Paris onde se reuniam artistas como Hemingway e Picasso, cujos "comentários casuais", de acordo com a *Encyclopaedia Britannica*, "poderiam construir ou destruir reputações". Você tem de ser um pouco déspota para manter altos os padrões, mas nem tanto a ponto de acabar impedindo o fluxo de ideias.

No momento, você está mastigando um copo de plástico e ouvindo pessoas falando banalidades sobre produtos potenciais. Não lhe agrada a exposição de dois dos engenheiros da equipe. E a tentação é grande: você quer mostrar aos estranhos o quão poderoso e inteligente é.

Você pergunta aos engenheiros por que eles estão desperdiçando seu tempo? Você lhes conta sobre sua dominante sensação de *déjà-vu*? Demonstra que todo engenheiro intelectualmente preguiçoso que a empresa teve já havia proposto a mesma coisa?

Mais uma vez, você está causando uma dada impressão, especialmente para pessoas que você não conhece e que não têm ideia de sua capacidade. Elas sairão da reunião pensando: "Ele é um líder" ou "Esse cara é um imbecil". E caso seja o segundo caso, tal impressão será levada de volta para o ninho onde todos também passarão a ter a mesma ideia a seu respeito.

Faça o que for melhor para sua marca e cumprimente os engenheiros, dizendo: "Veja, eu não concordo com tudo o que foi apresentado, porém acho que vocês fizeram um ótimo trabalho. Gostaria de estudar mais a esse respeito. Não estou certo se vou fazer isso, porém, com o passar dos anos, aprendi que dar um tempo ajuda".

Nesse momento, os seus colaboradores mais próximos já entenderam que esse projeto nasceu morto. No mundo empresarial, sempre que alguém disser que vai pensar sobre alguma coisa, esta já nasceu fadada a não vingar. Esse é o código. Mas, nesse caso, pela sua cortesia, sua atitude preservou um pouco da dignidade dos apresentadores e causou uma boa impressão nos demais presentes.

Entretanto, para a sua marca não basta apenas dar a impressão de uma pessoa cortês. É preciso gerar algum resultado. Então você opta por deixar a conversação se estender um pouco mais. Decisão inteligente. As pessoas precisam de certa liberdade para propor novas ideias.

Mas antes de soltar as rédeas você demonstra sua liderança e define um objetivo? Você diz: "Isso é o que temos de fazer. Agora vamos ser criativos sobre como chegar lá"?

É melhor proceder dessa maneira, pois tais reuniões podem tomar esses dois rumos. Já participei de algumas delas que acabaram se transformando em uma situação burlesca pelo simples fato de os líderes deixarem de definir os objetivos a serem alcançados.

Por exemplo, certa vez fui contratado por uma organização que se encontrava em apuros e desesperada para cortar custos. A gerência resolveu fazer um concurso para que funcionários dessem ideias para economizar dinheiro. Foi realmente uma boa ideia. Quem melhor poderia dá-las senão os funcionários que fazem a máquina funcionar?

> **Reuniões do tipo "fazer alguma coisa acontecer" podem resultar em uma situação burlesca ou em grandes ideias.**

Precisávamos então estabelecer um sistema de premiação para as melhores ideias para cortes de despesas. A ideia apresentada pelo meu grupo foi muito simples: daríamos aos funcionários uma porcentagem do dinheiro que economizassem para a companhia. Nosso programa era basicamente um pacto com os funcionários – algo que até uma criança de quatro anos entenderia.

Nossas ideias foram bem recebidas, mas quando aconteceu a reunião final para resolver esse assunto, eis que surgiu uma nova ideia. A companhia compraria broches de prata em forma de cardo. O presidente do conselho, que era da zona central dos Estados Unidos, tinha certa afeição por essas plantas. Então, independentemente de se economizar cem dólares ou um milhão para a companhia, ganhar-se-ia esse pequeno mimo. Não é necessário dizer que a gerência não recebeu uma enxurrada de grandes ideias.

> Para dar impressão de líder, quando se é o responsável por uma reunião do tipo "fazer-alguma coisa acontecer", é preciso ser um pouco déspota para manter as pessoas focalizadas no objetivo, mas nem tanto a ponto de sufocar a geração de novas ideias.

Isso sempre acontece. Na atmosfera intoxicante desse tipo de reunião, uma missão séria se deteriora em um resultado completamente estúpido. E isso invariavelmente faz a pessoa responsável por ela parecer um tolo.

Mas agora é a sua vez. Você gerencia para que se tenha liberdade de fazer associações de ideias sem perder o foco do que deve ser alcançado. O grupo traz algumas interessantes. Sua estratégia deu bons resultados para a sua marca.

MEIO-DIA: HORA DO ALMOÇO

Você está almoçando com uma colega de outro departamento que já havia trabalhado no seu. Será que o seu bom desempenho na reunião de desenvolvimento de produtos fará de você uma boa companhia?

Ou seu jeito expansivo o encoraja a falar demais? Vai acabar fazendo o que geralmente acontece nesses almoços? Você começa a falar mal de pessoas com quem trabalha, de seus chefes ou de seus projetos?

Sua colega parece ser uma ouvinte compreensiva, uma vez que ela já teve de aguentar os mesmos absurdos. Como ter certeza de que ela não pegará tudo o que você disse e encontrará uma forma de utilizar isso em breve?

Se ela não for uma amiga confiável, é bem provável que ela acabe lhe conferindo uma reputação de pessoa negativa. Em sua vida profissional, você almoçará milhares de vezes com seus colegas. Também não é inteligente baixar a guarda nesses momentos.

> **Para evitar a reputação de indiscreto ou negativo, não reclame de seu trabalho para seus colegas.**

1:15 DA TARDE: O CHEFE FRUSTRA OS SEUS PLANOS

Você corre de volta para sua sala e encontra uma série de ligações a serem retornadas até as 14 horas. Mas o chefe deixa uma mensagem que precisa de um determinado relatório em sua mesa até as 14:30.

Toda sua agenda foi para o espaço. Você chama seus subordinados para ajudá-lo.

Você diz: "O chefe quer isso feito, portanto, precisamos nos esforçar para concluí-lo"?

Você reclama do chefe? Isso confere aos seus subordinados a permissão de também falar mal de seu chefe e talvez eles não sejam discretos quanto ao momento e local para fazer isso. Também lhes dá permissão para reclamarem de *você*. Todo comportamento de um gerente tem um efeito cascata entre seus subordinados, para o bem ou para o mal.

> **Todo comportamento de um gerente tem um efeito cascata entre seus subordinados, para o bem ou para o mal.**

Você consegue que o relatório seja feito e continua seu dia. Permite que todas as inconveniências pelas quais passou o tornem uma pessoa desagradável, ou simplesmente aceita isso como ossos do ofício.

Um profissional reage da segunda forma.

3:00 DA TARDE: A REUNIÃO DE "COMBATE"

O tempo, entre às 6:00 da manhã e às 3:00 da tarde, passou num piscar de olhos. E agora você terá o tipo de reunião que realmente representa uma luta em sua carreira – a reunião de aprovação do orçamento, que determinará o quanto você poderá realmente alcançar. Se há um cifrão associado a uma reunião, esta é, por definição, da primeira divisão.

Hoje você está tentando persuadir um grupo de executivos seniores a gastar 4 milhões de dólares no desenvolvimento do protótipo de um novo produto que sua equipe apresentou.

> As verdadeiras reuniões de "combate" são aquelas que envolvem dinheiro e aprovação de orçamentos.

Por sorte, você tem toda confiança de que é exatamente isso que a companhia deve fazer. E você é um apresentador bom o bastante para passar essa confiança à sua audiência.

Mas isso não significa que você não deva estar preparado para qualquer possível argumento contra sua proposta. Certa vez eu cometi o erro de pressupor que, pelo simples fato de algo ser lógico, já teria aprovação garantida. Anos atrás, tentei persuadir os poderosos de então a oferecer aos clientes da John Hancock marcas de fundos mútuos de outras empresas por meio de nossos produtos de seguros e de renda vitalícia garantida. A realidade do mercado era que nossos clientes estavam pedindo um leque maior de opções de investimentos. Entretanto, eu não estava preparado para o grau de violência com que nossos gerentes internos de investimento reagiriam à potencial perda de ativos em seus próprios fundos. Eles acabaram ganhando naquele dia, apesar de terem, no final, perdido a guerra.

> Fique preparado para reuniões de "combate". Certifique-se de que conhece os participantes e suas agendas tanto quanto a consistência de sua própria argumentação.

Você deve estar preparado para todos os tipos de reuniões, principalmente as de "combate". Não basta apenas coletar informações para defender sua proposta.

Você deve também se esforçar para saber quem são as pessoas que estarão na sala. Quem é esperto e quem não é. Quem é ou não poderoso. Quem tem uma agenda e quem não tem. E tem de estar mentalmente preparado para a possibilidade de alguém tentar sabotar seus planos.

Evidentemente, o maior perigo que se corre nesse tipo de reunião é acabar sabotando a si próprio. Isso acontece quando não se está querendo admitir nem a vitória nem a derrota.

No primeiro caso, você basicamente conseguiu convencê-los de que tinha razão. Participei de um zilhão de reuniões em que o chefe entendeu imediatamente a argumentação apresentada e disse: "Quer saber, você está certo. Não precisa me dizer mais nada. Eu concordo com você. Eis aqui os US$ 4 milhões para desenvolver seu projeto".

Mas em vez de dizer um educado "obrigado", algumas pessoas continuam a arguir ou porque não terminaram de expor todos os pontos que tinham preparado ou porque decidiram maravilhar a todos com sua inteligência.

Quem faz isso acaba aborrecendo os chefes e incitando-os a mudar de ideia.

> A forma mais comum pela qual as pessoas se sabotam em reuniões de "combate" é continuar a argumentar quando é hora de admitir a vitória ou a derrota.

Infelizmente, hoje em dia você não tem a oportunidade de pôr tudo a perder. O chefe diz: "O fato é que não temos os US$ 4 milhões para seu projeto e também achamos que vamos ter de lhe pedir que corte US$ 4 milhões do seu orçamento".

Você tem uma escolha. Vai continuar argumentando? Persistindo em defender seus princípios? Se a decisão já tiver sido tomada, isso somente adicionará alguns atributos desagradáveis à sua marca: recalcitrante e difícil.

Ou aceitará a derrota dizendo: "Está bem, entendi. Voltarei daqui uma semana e lhes direi o que não posso e o que posso cortar e quais as consequências"?

Hoje, algo no tom de voz de seu chefe lhe diz para não lutar contra o inevitável, então é exatamente isso o que você diz. Inteligente. Agora estará demonstrando que está disposto a sacrificar suas ambições pessoais pelo bem da empresa. É algo que acaba sendo premiado na vida organizacional.

> Às vezes, a melhor coisa que você pode fazer por sua marca é aceitar as más notícias elegantemente. Você será visto como alguém que está disposto a sacrificar suas ambições pessoais em favor da organização.

3:45 DA TARDE: SEUS SUBORDINADOS DEIXAM A DESEJAR

Agora são 15:45 e alguns de seus subordinados estão à sua procura por estarem com problemas para concluir um relatório de pesquisa no prazo dado.
    Você compreende a situação e lhes dá mais tempo?
    Ou fica bravo e se torna injusto?

    Fica bravo. Diz a eles que não se importa quanto tempo leve, mas quer ver o relatório pronto hoje à noite. Porém você sabe que não precisaria dele na mesma noite. E eles também sabem disso. No fim do dia seguinte estaria bom. Mas você decide que eles têm de ver uma demonstração de poder.

> **Seus subordinados saberão distinguir uma solicitação urgente de uma demonstração vazia de poder. Esta última, além de não ajudar, irá macular sua marca.**

    E alguém diz: "Mas eu tenho ingressos para o jogo do New York Knicks essa noite!".
    "Azar o seu", você responde.
    Ótimo. Porém, antes de dizer isso, esteja ciente de que estará arranjando um eterno inimigo.

5:30 DA TARDE: MERECIDA RECOMPENSA

Finalmente você consegue sair do escritório para participar de um coquetel beneficente. Já tomou seu merecido Martíni e o garçom lhe oferece um segundo.
    Deve você tomá-lo? Foi um longo dia. Claro.

DAS 7:00 ÀS 11:00 DA NOITE: O DÍNAMO DIMINUI DE RITMO

Você leva uma cliente de fora da cidade para jantar e conversa sobre o que ela gostaria que sua organização oferecesse num futuro próximo.
    Entretanto, você não consegue organizar direito seus pensamentos, pois bebeu um pouquinho mais do que deveria. De forma alguma está bêba-

do, nem a cliente acha isso. Ela somente está se perguntando o que aconteceu com a pessoa dinâmica de quem ela tanto havia ouvido falar.

Amanhã você terá de ligar para ela tentando corrigir a situação. Mas hoje, antes de dormir, você decide dar uma nota para sua performance. Um dia com altos e baixos, uma nota 6, no máximo.

Durante o dia, você teve 30 encontros e causou uma boa impressão em 30 pessoas. Pode ser que, a longo prazo, nenhum deles signifique alguma coisa para a sua marca. É também possível que qualquer um deles possa tê-lo favorecido. O mais incrível é que raramente se tem algum indício prévio sobre qual é qual.

A verdade é que ninguém é capaz de conduzir todos os encontros com perfeição. O melhor que se pode fazer é estabelecer bons padrões para que um ocasional lapso de juízo não o prejudique e que as pessoas acreditem basicamente que você é o tipo de pessoa a quem se pode confiar um segredo, um projeto urgente ou uma promoção.

Já que você é uma pessoa ambiciosa, pouco antes de adormecer prometa a si mesmo que fará melhor no dia seguinte.

> Ninguém conduz todas as reuniões com perfeição. O melhor que se pode fazer é estabelecer bons padrões.

REGRA

7

FAÇA OS INIMIGOS CERTOS

Até agora, falamos muito sobre o quanto é insensato, para alguém que está tentando construir uma marca de sucesso, ser rude gratuitamente, malvado ou combativo. E normalmente isso é bobagem.

Mas também há algo que é igualmente tolo: tentar construir uma marca bem-sucedida sem nunca ofender ninguém. A própria tentativa é garantia de transformar sua marca em algo insosso e apagado, como um papel de parede bege, em uma espécie de ruído de fundo que só é ignorado na vida organizacional.

Se quiser ter o destaque extra de uma marca identificável, num dado momento terá de decidir quem você é e quem não é. E então será necessário ser capaz de aguentar as pancadas que levará por ser quem é, pois certamente nem todos irão gostar de você.

Às vezes é necessário lutar contra pessoas que não gostam de você. Outras vezes terá de combater pessoas que não aprecia.

Às vezes será necessário jogar fora as regras e mostrar-se sob um foco negativo a fim de manter sua dignidade.

Este capítulo não trata de quando se deve ser *gratuitamente* rude, malvado ou combativo – trata de quando o ser deliberadamente.

DEIXE OS CANALHAS PARA TRÁS

Encare os fatos. Não importa o quão inteligente, trabalhador e bem-intencionado você seja, sempre terá inimigos em seu trabalho.

De fato, a vida organizacional é muito parecida com todos os seriados de assassinato e mistério que já apareceram na televisão, desde *Columbo* até *Law & Order*. O episódio sempre começa com um corpo, normalmente de um homem ou mulher proeminente ou de sucesso.

Quando os detetives aparecem, sempre perguntam ao marido ou mulher: "A vítima tinha algum inimigo?".

E o cônjuge em luto sempre responde, cheio de lágrimas: "Não, era uma pessoa maravilhosa. Não posso pensar em ninguém".

Claro que, antes do próximo intervalo comercial, torna-se evidente que o morto tinha um *exército* de inimigos. E o restante da hora é passado eliminando dúzias de suspeitos até se chegar àquele que realmente cometeu o crime.

Na vida organizacional, nunca se sabe quantos inimigos se tem. Mas posso garantir, é *sempre* um número muito maior que você ou a mulher da vítima possa imaginar. Pode parecer paranoia, mas como Henry Kissinger conhecidamente apontou: "Mesmo um paranoico pode ter inimigos".

Você fará inimigos sem levantar um único dedo, simplesmente em virtude de ser quem é. Fará inimigos porque é alto, baixo ou porque é mulher ou não é caucasiano. Fará inimigos por causa de sua formação – seja por não ter frequentado o tipo de escola em voga no momento, ou por ter ido para uma faculdade melhor que a de seus colegas, sofrendo inveja destes. Fará inimigos porque trabalha em determinado departamento ou para alguém que é inimigo jurado de outra pessoa. Fará inimigos pelo simples fato de existir.

Aprendi essa dura verdade com menos de uma semana no mundo dos negócios. Tinha 21 anos de idade e tinha acabado de pegar meu segundo voo na vida, para Chicago, para a celebração do 20º aniversário da empresa de relações públicas para a qual eu trabalho agora. Eu não me sentia à vontade, pois acabara de conseguir o emprego e não conhecia ninguém, a não ser quem havia me contratado.

Na festa, em minha primeira noite em Chicago, fiquei contente ao ser apresentado para uma mulher que integrava o grupo ao qual eu estava me juntando. Vamos chamá-la "Elaine". Ela tinha mais de 55 anos e tinha passado toda sua vida na área de relações públicas. Como eu, ela era uma gerente de contas embora, claramente, ganhasse bem mais.

Eu disse: "Prazer em conhecê-la, Elaine".

As primeiras palavras que saíram de sua boca foram: "Espero que você não conte com a ajuda de nenhum de nós".

"O que quer dizer com isso?", perguntei.

"Veja bem", disse ela, "você é uma criança e eu trabalho há 30 anos nessa área. No entanto, eles o colocaram no mesmo nível que eu. Então nunca venha à minha sala para pedir ajuda".

Eu não havia feito nada a não ser comer uma bolacha de gergelim na frente dela. Mas não importava. Bastava minha presença para deixá-la furiosa.

A verdade é que, no primeiro dia em que você chega numa organização, você terá mais inimigos que amigos. Claro que aquelas poucas pessoas que o contrataram provavelmente gostam de você. Mas para todos os demais você é um estranho e pode ser ameaçador. Portanto, no primeiro dia provavelmente você terá menos de 10% da audiência.

À medida que for progredindo, fará outros inimigos que não quer fazer, mas que tem de fazer, pois algo substancial está em jogo. Quando cheguei na John Hancock, por exemplo, as pessoas do departamento me deram dicas de como as coisas funcionavam ali. "Não arranje encrenca", disseram elas. "Tente não ser notado. Não venha com nenhuma ideia que possa ser derrubada. Não chame seu chefe, só responda quando ele o chamar. Assim conseguirá ficar por aqui por uns bons 25 anos."

Uma vez que não era esse meu plano – ficar marcando passo por 25 anos –, eu logo os deixei muito, mas muito zangados mesmo, pois eu realmente esperava que eles fizessem muito mais do que simplesmente ficar marcando passo.

Na verdade, há muito mais chance de se fazer inimigos quando se está ambiciosamente tentando construir uma marca pessoal, assumindo riscos, assumindo posições, fazendo-se ouvir e conquistando grandes coisas. Algumas pessoas ficarão com inveja de você por ser

> **Encare os fatos: você fará inimigos na vida organizacional e, quanto mais sucesso você tiver, mais inimigos fará.**

apreciado por seu chefe; outros não serão seus fãs porque têm medo que você logo passe a ser o chefe.

O sucesso cria legiões de bajuladores, mas também legiões de adversários. E no fim de sua carreira terá sorte se o número de fãs for maior que o de inimigos.

Ed Koch, o antigo prefeito de Nova Iorque, uma vez me disse uma coisa sobre os detratores que se acumulam pelo caminho e que acho correta: "Você tem de deixar os canalhas para trás".

O que ele quis dizer foi: se você ficar em algum lugar por certo tempo, aborrecerá várias facções e não será capaz de trazê-las de volta para seu lado. Não é possível agregar nem um pouco de poder ou influência sem deixar algumas pessoas zangadas.

Certamente, será preciso tentar limitar os prejuízos. Você tentará não deixar o sindicato dos trabalhadores e o grupo de gerentes internacionais bravos no mesmo ano. Mas a estratégia mais inteligente é conseguir um novo emprego antes que as pessoas que não o apreciam o derrubem. Geralmente, se você se concentrar em facilitar a vida de seus chefes, pouco importa se tiver de deixar alguns colegas insatisfeitos para trás.

> Se você facilitar a vida de seus chefes, seus detratores normalmente não significarão nada.

NÃO ESPERE GARY COOPER

Há momentos, no entanto, em que é crucial você se virar e lutar contra um ataque à sua marca, porque sua carreira terminará se o ponto de vista de seus inimigos prevalecer. Infelizmente, talvez você nem se dê conta de que sua marca corre perigo mortal.

Na vida organizacional, quase nunca é *Matar ou Morrer*[21] quando as armas são sacadas em plena via pública. Em vez disso, são mísseis Scud caindo de não se sabe onde. É o jeito Bórgia de fazer um brinde, quando sorrateiramente o veneno é despejado em seu vinho. É um jogo bem mais sombrio e complexo em que os agressores fazem o máximo para não deixar impressões digitais.

---

[21] Filme de faroeste com Gary Cooper, 1952. (N.T.)

De fato, em toda minha carreira, consigo me lembrar de apenas um confronto direto, ao estilo do *Matar ou Morrer*. Foi durante o escândalo Olímpico em 1999, quando alguns membros do Comitê Olímpico Internacional revelaram que receberam suborno em troca de votos para as cidades candidatas à sede. Como um dos patrocinadores das Olimpíadas, tornei pública minha insatisfação no que dizia respeito ao lento ritmo de renovação do comitê. O presidente da NBC, Dick Eberson, que tinha pago bilhões de dólares pelos direitos de transmissão dos Jogos Olímpicos, achou que minhas críticas estavam ameaçando seus investimentos. Então conseguiu uma *entrevista* com repórteres e disse ao mundo que eu era um "valentão insignificante" cujas ações mereciam a seguinte resposta: "Cale a boca".

> **Seus inimigos raramente irão confrontá-lo diretamente. Em vez disso, tentarão feri-lo sem deixar impressões digitais.**

Naquela oportunidade eu refutei, chamando seu ataque de desesperado e não profissional. Mas devo dar certo crédito ao Ebersol – ele é uma das poucas pessoas que conheci que tiveram coragem de ir para o duelo, no meio da rua, daquela maneira.

E, com o passar dos anos, um grau de respeito e amizade se desenvolveu entre nós, por causa da sua firmeza em dizer simplesmente: "Saque a arma".

Garanto que pouquíssimos inimigos que você encontrará ao longo da sua carreira terão a coragem de criticá-lo diretamente, ou por gravação, como fez Ebersol. Muitos deles vão ficar na moita, onde você não conseguirá vê-los, e tentarão destruí-lo com vazamentos anônimos para a imprensa, fofocas e dicas sobre suas falhas para as pessoas no poder. Principalmente quando não puderem incriminá-lo por seus méritos, eles passarão a utilizar rumores e especulações para destruí-lo.

A derrota em campanhas políticas, por exemplo, quase nunca termina sem que haja uma campanha difamatória na imprensa, onde os diversos participantes tentam reforçar suas reputações como estrategistas políticos enquanto se ocupam de destroçar a dos outros. Observei isso pessoalmente como diretor de propaganda para a campanha presidencial de

> **Quando seus inimigos não puderem incriminá-lo por seus méritos, quase sempre tentarão destruir sua imagem com fofocas.**

Dukakis, em 1988. Tentando passar para outros a culpa pelo que estava se transformando em um desastre, uma das pessoas no comando continuava a passar informações para o programa *60 Minutes*, de Mike Wallace, denegrindo os demais cérebros da campanha. O equivalente aconteceu na campanha presidencial de Dole, em 1996; um consultor político disse que se fosse escrever um livro sobre sua experiência no caso, ele o chamaria de *Ninho de Cobras*.

Apesar de sua polidez superficial, empresas também podem ser ninhos de cobras, o que aprendi quando tive uma promoção quase frustrada por causa das fofocas.

Eu tinha sido promovido a chefe da divisão em que trabalhava. Mas antes de começar nesse novo cargo o presidente da companhia pediu-me para ir até a sua sala e disse: "Olha, apesar de ter sido eu quem lhe ofereceu esta promoção, acho que cometi um erro".

Fiquei chocado. "Qual é o problema?", perguntei.

"O *feedback*", disse ele, "é terrível. As pessoas não querem trabalhar para você".

Logo fiquei sabendo da fonte desta informação. Um sujeito, do qual eu iria virar chefe, tinha espalhado histórias desagradáveis a meu respeito.

Ele não me queria como seu chefe. A vida estava boa e ele tinha medo que eu fosse mais exigente que seus superiores anteriores.

Então ele disse uma das piores coisas que podem ser ditas sobre um gerente: que eu era injusto, alguém que promovia pessoas por favoritismo.

Isso não era verdade, mas não importava. Eu fui colocado na terrível posição de ter de provar ao presidente da companhia que era realmente imparcial e que promovia as pessoas com base em seus desempenhos. Tive, literalmente, que mostrar minhas estatísticas para ele.

Felizmente, eles me apoiaram, então me tornei o chefe desse cara. E eu nunca mais o perdoei por tentar me difamar – nem confiei mais nele.

Seus companheiros de trabalho tentarão atacá-lo por quaisquer razões bíblicas: inveja, ambição, luxúria, preguiça e daí por diante. Os verdadeiramente perigosos farão isso somente por esporte. E você nem sempre poderá ter a sorte que tive de ter um chefe que lhe diga, diretamente, o que os rumores estão causando à sua marca.

Então é inteligente ficar ligado nos sinais que mostram quando alguém está tentando destruí-lo.

Entre estes sinais indicadores, temos:

- Seus telefonemas estão demorando muito para serem retornados.
- Pessoas que eram facilmente acessíveis estão quase sempre ocupadas.
- Em vez de cumprimentá-lo com "Olá, tudo bem?", as pessoas lhe dão um supersimpático: "Como tem passado esses dias?". É uma forma de verificar se você sabe que seus dias estão contados.
- Uma vez que as pessoas não têm imaginação e tendem a repetir as coisas ruins que ouviram, de repente estarão usando as mesmas metáforas a seu respeito.
- Quando vai a um coquetel, a mulher do chefe mal olha para você.

As pessoas passam a ser extremamente solícitas em relação à sua "tábua de salvação", à sua saúde e a de sua família. Eles querem se certificar de que você tem alguma reserva no banco, de que sua esposa tenha se recuperado da operação feita há alguns meses, que você esteja saudável – para que assistam à sua demissão com a consciência tranquila.

Não permita que sua marca seja corroída pelas fofocas dos seus inimigos. Descubra o que está sendo dito e reaja energicamente.

> **Aprenda a reconhecer os sinais de que está havendo uma onda de fofocas contra você e reaja.**

NENHUMA MISERICÓRDIA COM OS DESLEAIS

É importante que você faça a distinção entre alguém que discorda abertamente e quem tenta minar sua autoridade e derrocar sua carreira.

Crítica não é traição. De fato, a disposição de não concordar com você pode ser um sinal da mais valiosa forma de lealdade – lealdade à organização ou ao empreendimento. Merece respeito, e não retaliação.

Uma tentativa de minar sua autoridade, por outro lado, merece todo o seu repúdio.

Eu já sabia disso aos seis anos de idade, quando era o responsável por turma nos intervalos. Éramos cerca de 15 e, por alguma razão que nunca entendi, eu, do primeiro ano, recebi a incumbência de decidir o que faríamos a cada dia.

Em certos dias, jogávamos Toppies, uma espécie de *baseball*, arremessando uma bola de borracha contra a parede. Ou fazíamos uma guerra de bolas de neve, se o tempo assim permitisse. Éramos liberados da sala de aula para ir para o pátio de recreio, e todos esperavam para ver o que eu queria fazer.

Uma das crianças do meu grupo era um pequenino fabuloso, com um enorme nariz, vesgo, que acabou se tornando um maravilhoso pianista. Vamos chamá-lo de "Tony".

Num certo dia de inverno, ele decidiu revoltar-se contra minha tirania. Ele disse: "Não quero mais brincar com você. Vou brincar aqui". E na revolta ele levou quatro de nossos membros para sua pequena gangue.

Fiquei muito aborrecido com essas deserções. Mas dentro de alguns dias a gangue do Tony queria voltar à nossa. Eles disseram que não era divertido brincar com ele porque não havia um número suficiente de crianças.

Teria os recebido bem de volta? Absolutamente não. Eles ficaram fora da gangue pelo resto do ano escolar. Eu tinha apenas seis anos de idade, mas os excluí sem misericórdia. Eu sabia que o exílio ou a morte eram as punições adequadas para traidores.

Se você é crescido o suficiente para ter o poder de *demitir* a pessoa que o traiu, deve fazê-lo.

Uma execução pública feita friamente e com habilidade não vai ajudá-lo com aquelas pessoas que já são desleais; não fará com que elas saiam de sua toca. Mas *irá* ajudá-lo com as pessoas que estão pensando em fazer isso. Na classe do jardim de infância há sempre uma criança que quer se rebelar. Ou o professor a mantém sob controle ou ele está acabado. Não terá autoridade sobre as outras também. É o mesmo na vida organizacional.

Se o traidor tiver um cargo relativamente elevado, você publica um anúncio politicamente correto dizendo que o motivo de sua saída se deve à procura de novos interesses, e deixa o ato falar por si só. Uma coisa que você deve se lembrar é que a real razão pela qual alguém está saindo é sempre divulgada pelas conversas informais. As pessoas são muito inteligentes –

estabelecerão a conexão. Embora restrições legais certamente irão impedi-lo de promover a história verdadeira, você não deve sair de sua rota para dissuadir os outros da verdade.

> Certifique-se de estar demitindo traidores como um exemplo para outras pessoas.

A reputação de ser um pacifista absoluto é útil se você for candidato à canonização, mas é um desastre caso almeje um alto cargo numa organização. Você não tem nada a ganhar e muito a perder se deixar de dar um exemplo por meio da pessoa que tentou miná-lo.

ÀS VEZES VOCÊ TEM DE DEIXAR AS REGRAS DE LADO

Felizmente, sua marca não sofrerá muito caso lute contra a traição, mas sofrerá se você for confrontador em outras situações. Mesmo assim, talvez você tenha de batalhar somente para manter sua dignidade. Às vezes, você tem de dizer simplesmente: "OK. Vou sofrer um revés, mas tenho de conviver com isso".

Já dissemos que é tolice afastar-se do chefe, entretanto, há situações em que você é obrigado a fazer isso. Por exemplo, certa vez tive um superior que me acusou de mentir para ele sobre minha vida pessoal. Tínhamos sido bem próximos. Nós viajávamos juntos pelo mundo. Mas houve uma feia e terrível discussão. Naquela mesma noite, eu juntei todos os papéis que mostravam que eu havia dito a verdade. E na manhã seguinte eu os levei à sua sala e os joguei sobre sua mesa.

> Às vezes, você tem de lutar apenas para manter seu autorrespeito, mesmo quando você sabe que isso prejudicará sua marca.

Eu disse a ele: "Nunca mais faça perguntas sobre minha família. Nunca mais me pergunte como estou. Nunca mais fale comigo sobre assuntos pessoais".

E daquele momento em diante, nunca mais falei com aquele homem exceto quando o trabalho o exigia. Nunca mais almoçamos ou tomamos um drinque juntos. Nunca mais viajei no mesmo avião que ele.

Ele acabou por pedir desculpas e disse: "Espero ter a chance de reparar nosso relacionamento".

Eu fui bem firme em minha posição: "Não nessa vida", disse.

Ele era meu chefe, mas pelo fato de ter questionado minha integridade eu estava correndo o risco de, ao excluí-lo de minhas relações, atingir minha marca. E de certa maneira isso acabou me atrapalhando. Meus concorrentes podiam usar isso contra mim, pois podiam falar com o chefe e este não estava falando mais comigo. E todos na companhia sabiam que havia uma tremenda tensão entre nós. É como marido e mulher que saem em público quando não estão se falando. Eles acham que ninguém sabe, mas todos percebem imediatamente.

> Às vezes você até terá de se afastar do chefe.

No final das contas, meus problemas com o chefe deixaram claro que, pelo menos, eu não era uma pessoa que abandona a luta. Diziam: "Independentemente do que aconteceu lá, o David está se portando profissionalmente e fazendo seu trabalho". E isso pode ter adicionado à minha marca o tanto que havia perdido com essa questão.

Claro, bem pior que tratar o chefe com frieza é tratar pessoas sem poder da mesma forma. Essa é a definição de falta de polidez e lhe custará o respeito de todos aqueles que tenham tido conhecimento disso. Embora se deva ser sempre afável com os funcionários de nível mais baixo dentro da organização, quando se atinge um determinado cargo, esse tratamento tem de ser muito bom. Permita-me contar sobre o tempo em que eu não era assim.

Assistia a um jogo de *hockey* num camarote de dois andares da companhia. Eu estava no superior e outro grupo de funcionários da Hancock estava no inferior, havendo uma escada ligando os dois andares. Então, durante os intervalos, desci e cumprimentei o pessoal que eu conhecia. Havia algumas mulheres que eu ainda não havia conhecido, sendo que uma delas era muito, mas muito grande, trajando um *muumuu*[22] sem mangas. Era inverno em Boston – em outras palavras, frio – e estávamos sentados em frente de 4.000 m² de gelo, mas ela obviamente tinha bastante "isolamento térmico".

"Você é David d'Alessandro", disse ela. Então adicionou, com uma nota de ameaça: "Eu tenho uma queixa a fazer".

---

[22] Vestido longo e solto, normalmente bem colorido ou florido, usado particularmente por mulheres havaianas. (N.T.)

As pessoas se juntaram em torno de nós porque sentiam que um desastre estava por acontecer.

"Sabe", disse ela, me levando para um canto e começando a me cutucar, "esta empresa costumava ser ótima até que você veio trabalhar nela". Daí ela começou a dizer o que realmente a estava incomodando. "Os preços do refeitório estão ficando ridiculamente altos. Agora um *cheeseburger* custa 60 centavos", disse ela em tom profundamente ofendido.

Seis meses antes, eu havia recebido um novo e enorme conjunto de incumbências, dentre as quais os refeitórios, que serviam 12.000 refeições por dia e recebiam um grande subsídio da empresa. Eu era também um recém-eleito membro do comitê de políticas da companhia e do conselho de diretores, e, portanto, estava tentando ser bastante cauteloso quanto ao meu comportamento.

Eu dei, civilizadamente, uma resposta em nome da empresa a essa mulher: "Estamos perdendo US$ 3 milhões por ano com os refeitórios. Isso é muito. Estamos tentando manter nossos preços abaixo do que pagariam se comessem fora da empresa, sem que isso custe muito para a companhia".

Ela disse, ainda me cutucando: "Eu não ligo para isso! Uma porção grande de batatas fritas agora custa 50 centavos!".

Foi o que me tirou do sério. "Bem, aparentemente", disse eu, "o aumento de preços não reduziu seu padrão de consumo". E escapei enquanto ela tentava processar esse pensamento.

A história pareceu muito, mas muito pior quando foi recontada, omitindo o dedo na minha clavícula, e nos quatro meses seguintes ouvi isso de *todo mundo*, desde o pessoal da correspondência até o presidente. "Você não poderia ter sido mais simpático?", era o consenso. "Você tinha de falar daquele jeito com esta pobre mulher?"

Eis minha opinião: não me *importei* com a possibilidade de minha marca ser atingida, pois ela estava me cutucando e tentando me envergonhar na frente de outras pessoas. Ela passou dos limites e recebeu o que merecia.

PROVOQUE ALGUNS GIGANTES

O último tipo de briga sobre a qual vamos falar parece ser a mais suicida de todas: um ataque desmotivado contra alguém que é realmente poderoso quando não se tem nada a ganhar e tudo a perder. Claramente isso não é o mais inteligente a se fazer quando o intuito é ser notado. Mas há momentos em que mesmo as pessoas mais ambiciosas têm de "atirar pedras nos gigantes", e isso acontece quando pessoas mais fracas que você precisam de um defensor.

Ted Turner, por exemplo, provavelmente fez algo de bom em 1996 e 1997, ao jogar lama, sem ser provocado, nos dois homens mais ricos do mundo, Bill Gates e Warren Buffet, por deixarem de contribuir o suficiente com parte de suas fortunas. Naquela época, Gates dizia que não era o momento certo de sua vida para se concentrar na filantropia. Turner não estava aceitando nada disso: "Eles devem fazer isso agora!", disse a Maureen Dowd do *New York Times*.

No final de 1999, Bill e Melinda Gates haviam doado US$ 17 bilhões de dólares para sua fundação e anunciaram grandes iniciativas na vacinação de crianças de países em desenvolvimento e na promoção de bolsas escolares para as minorias nos EUA. Buffet acabou transferindo grande parte de sua fortuna para essa fundação e os três passaram a liderar a lista dos mais generosos filantropos. Eu não acho que a pressão de Turner tenha causado feridas.

Durante minha carreira, fui provocado a atacar os gigantes mais de uma vez. Eis um exemplo. Em março de 2002, decidi que era hora do Cardeal de Boston, Bernard F. Law, se responsabilizar por ter deixado, durante muitos anos, de proteger as crianças contra as investidas de padres, conhecidos pedófilos, em sua arquidiocese. Eu escrevi para a página do leitor exigindo sua demissão; isso foi antes mesmo que o conselho editorial do *Boston Globe*, cujos repórteres tinham descoberto a forma com que a hierarquia eclesiástica lidava com esses padres, viesse a público a favor da demissão de Law.

> Não tenha medo de assumir-se como alguém poderoso se os mais fracos do que você precisam de um campeão.

Em resposta, houve um grande afluxo de poderosos católicos de Boston que disseram: "Você está certo". E houve outro grande número de poderosos católicos que disseram: "Como ousa?".

Logo depois disso, um amigo meu me ligou e disse que precisava falar comigo o mais rápido possível. Na minha sala, sentou-se e começou a falar de coisas que não eram muito urgentes, o que eu achei estranho, mas era um amigo. Então ele disse: "Já que estou aqui...".

Quando alguém diz isso, quer dizer realmente: "*Por isso* estou aqui". Logo fiquei de orelha em pé.

Ele disse: "Estive com o cardeal essa manhã. Ele se sentiu ultrajado com o que você escreveu. Ele disse: 'Como ele pôde fazer isso comigo?'".

Apenas olhei para ele. "Sabe, é engraçado que você diga isso, pois é exatamente a mesma pergunta que todos aqueles garotos fizeram sobre os padres do cardeal. Se você está aqui realmente em nome do cardeal, diga--lhe que eu falei isso."

Quando o cardeal acabou pedindo demissão, em dezembro de 2002, eu era somente uma pequena voz entre muitas. Porém falar antes de todos foi realmente um risco para minha marca.

Algumas pessoas nunca me perdoarão por isso. Entretanto, fazê-lo foi uma questão de dignidade. E, afinal de contas, dignidade deve fazer parte de qualquer boa marca pessoal. Sem isso, você é muito fraco para ser confiável.

Se tiver realmente prestado atenção em tudo que eu disse até agora, deve ter ficado óbvio que eu acredito que as melhores marcas pessoais incluem cortesia, justiça e tolerância. Construir uma reputação dominada pelo adjetivo implacável é perigoso: as pessoas passarão a desejar que a vida o faça tomar uma dose de seu próprio remédio.

> **Dignidade tem de fazer parte de qualquer boa marca pessoal.**

Mas uma pequena dose de intransigência é saudável para sua marca. Você não pode ter medo de brigar quando for preciso para proteger a si próprio ou as coisas em que acredita. Deixe as pessoas saberem que você é benevolente quando lida com o razoável e perigoso quando provocado, e assim serão persuadidas a tratá-lo com respeito.

REGRA

8

NÃO DEIXE O SUCESSO SUBIR-LHE À CABEÇA

Vamos pressupor que você tenha feito tudo certo no que diz respeito à sua marca pessoal. Desenvolveu as qualidades pessoais que encorajam pessoas a confiar em você. As pessoas para quem e com quem trabalha o respeitam. Cada vez mais, elas o consideram um líder. Você está subindo na hierarquia. A vida é boa.

Parabéns. Agora esteja pronto para lidar com o maior dos perigos para sua marca pessoal: o sucesso.

Se você não acha que o sucesso é traiçoeiro, é hora de renovar sua assinatura da revista *People*. Folheie as páginas, sobre qualquer assunto, e será lembrado do grande número de pessoas que se autodestruíram quando no topo de suas carreiras: estrelas de cinema flagradas roubando lojas, autores famosos plagiando, CEOs que fazem vista grossa a fraudes contábeis de bilhões de dólares.

As pessoas mais bem-sucedidas fazem, às vezes, as coisas mais sem sentido para destruir suas marcas. E dizer que "a insanidade vem de família" não é a única explicação.

Infelizmente, coisas tão agradáveis como atenção, elogio, dinheiro e poder também podem ser fatores de isolamento e desconforto. E pode ser muito difícil lidar com isso, independentemente de o ambiente de trabalho ser uma pequena fábrica de rolamentos ou a glamorosa Hollywood.

Neste capítulo, vamos falar das maneiras corretas e incorretas de se lidar com o sucesso, em qualquer escala, caso queira ir além de um êxito passageiro.

PERGUNTE PARA MARIA ANTONIETA: É PERIGOSO SER TRATADO COMO SE FOSSE DA REALEZA

Quando me tornei um executivo da empresa em que trabalhava, fui transferido para uma nova sala, onde encontrei três botões de campainha sob a mesa. Não tinha a mínima ideia para que eles serviam.

Apertei um e uma senhora apareceu.

"Quem é você?", perguntei. "O que você faz?"

"Eu pego as correspondências", respondeu a senhora, "e as envio para as pessoas que o senhor quer que as receba".

Foi interessante ficar sabendo disso, então apertei o outro botão.

Um cavalheiro apareceu. Quando perguntei a ele o que fazia, este me respondeu: "Sou encarregado da segurança deste piso. Avise-me se precisar de alguma coisa".

OK, pensei. O que será que a próxima fada madrinha fará por mim?

Apertei o terceiro botão e outra senhora apareceu. "Cuido das tarefas pessoais", me disse.

Aparentemente, eu não teria mais de apanhar minha roupa na lavanderia. Aprendi naquele dia que ser um executivo é o mais perto que um americano moderno pode chegar da realeza. Você pode não ter 800 servos e cinco castelos, mas tem três pessoas que aparecem ao apertar de um botão para servi-lo.

É claro que nem todo local de trabalho oferece a seus executivos essas fadas que surgem ao toque de uma campainha, mas é inevitável que, uma vez que se atinja um determinado nível na organização, você seja transportado a uma atmosfera de nobreza.

Se você quiser uma xícara de café, alguém lhe trará. Se quiser reorganizar seu departamento ou divisão, ninguém discutirá com você. Na maioria dos casos, seu desejo é lei. Diferentemente de políticos, que têm de ir atrás do ganha-pão de tempos em tempos, mesmo que você tenha um modesto sucesso nos negócios, poderá usufruir de seu poder por um longo tempo.

Graças ao tom bajulador da vida organizacional, não é preciso nem mesmo subir muito alto para ser tratado com extrema deferência. No livro de 1979, *On a Clear Day You Can See General Motors*, o empresário do setor automotivo, John deLorean, contou uma história ultrajante sobre um executivo de vendas, de baixo escalão, da Chevrolet. Quando viajava, o sujeito gostava de ter um refrigerador cheio de lanchinhos para a hora de dormir. Quando seus subordinados descobriram que a geladeira não passava pela porta de um quarto de hotel, puseram um guindaste no topo do prédio e retiraram as janelas para colocá-la lá dentro. "Foi", disse DeLorean secamente, "o lanchinho mais caro que um executivo da GM jamais comera."

> Tornar-se um executivo é próximo de ser da realeza.

Você não tem nem mesmo que ficar pagando seus tributos por muito tempo até ter seus desejos levados a sério, principalmente se for uma das crianças mimadas do mundo corporativo – um vendedor ou um MBA. Os vendedores, por estarem gerando receita, tendem a ser tratados com deferências bem desproporcionais à sua experiência e capacidade intelectual. E o MBA costuma aparecer no escritório, logo depois de formado, e dizer: "Vocês não estão agradecidos por eu estar aqui?". E em razão do exagerado respeito por sua formação avançada, as pessoas *são* gratas.

Por mais que você goste da bajulação e dos privilégios, há, entretanto, dois problemas quando se recebe tratamento de rei no escritório.

Primeiro, isso pode ser ruim para seu comportamento humanitário. Você ouve incessantemente "Sim senhor" durante todo o dia. Daí volta para casa e seu filho diz: "Sabe, papai, eu discordo de você", e você tende a achar que ele está sendo ultrajantemente rude, por ter se acostumado a não ser contestado.

Em segundo lugar, pode ser ruim para sua carreira. Quanto mais você for tratado como uma pessoa especial em sua organização, maiores são as chances de passar a acreditar que *é* especial. E quanto mais acreditar nisso, mais achará que regras não são aplicáveis a você – aumentando a possibilidade de destruir sua marca ao quebrar essas mesmas regras ao passo que essas *são* levadas a sério pelo resto do universo.

É essa a explicação para diversas fraudes contábeis bilionárias. De fato, se as implosões da Enron, Arthur Andersen, WorldCom, Tyco e Adelphia foram capazes de demonstrar alguma coisa, é que mesmo sustentáculos de uma sociedade podem sucumbir às tentações do sucesso.

A menos que você seja muito cuidadoso, suas conquistas podem levá-lo a um sentimento ilusório que distorce seus julgamentos. Já que durante o dia todo as coisas acontecem do jeito que você quer, tudo parece confirmar o fato de que mecanismos de controle e equilíbrio entre os poderes são para outras pessoas; você é livre para fazer o que bem entender.

> **Há dois problemas em ser tratado como um rei no escritório:**
> - **Pode ser ruim para sua humanidade.**
> - **Pode ser ruim para sua carreira**

Essa ideia pode torná-lo extremamente arrogante e extremamente descuidado. Poderá acabar mutilando sua organização e arruinando sua reputação por algum ato que pouco mereceu sua atenção.

COMO LIDAR COM O SUCESSO

O fato triste é que, se você for bem-sucedido em qualquer campo, será impossível evitar que o sucesso lhe suba à cabeça.

Não importa o que você faça, estará sujeito a um tratamento diferenciado. Terá privilégios que outras pessoas não terão. Será bajulado o dia inteiro. E todas essas coisas irão, inevitavelmente, isolá-lo das realidades mais duras da vida e alterar sutilmente sua maneira de ver as coisas. Nenhum de nós realmente escapa disso.

> **É impossível evitar completamente que o sucesso lhe suba à cabeça. Mas vale a pena tentar não cair nesse mundo de ilusão.**

Mesmo assim, vale a pena não cair nesse mundo de ilusão. Você vai poupar a si mesmo e também sua organização de muitos problemas ao se esforçar para lembrar que, apesar de seu alto cargo, você ainda está sujeito às regras da sociedade civilizada e às leis do país. E que também é responsável perante os membros do conselho e diretores.

Certamente, muitos executivos pensam que, para manter seus pés no chão, é necessário tomar café com 20 importantes funcionários, uma vez por mês, ou visitar escritórios distantes para ver o que está acontecendo *in loco*. O problema é que normalmente isso requer um tremendo planejamento prévio por parte de pessoas que não estão preocupadas com outra coisa, a não ser agradá-lo. Não é real. É algo forçado para parecer real.

Eventos cerimoniais com os seus comandados não o livrarão de seu ego.

Eis aqui algumas recomendações de coisas que poderão ajudá-lo:

> **Seis regras para evitar que o sucesso lhe suba à cabeça:**
> 1. **Seja cético quanto à sua genialidade.**
> 2. **Cerque-se de pessoas igualmente céticas.**
> 3. **Preserve amigos que o façam lembrar que você ainda é humano.**
> 4. **Tenha certa compaixão pelas suas vítimas.**
> 5. **Crie outros interesses para suas horas de lazer.**
> 6. **Lembre-se de quem sustenta sua família.**

1. SEJA CÉTICO QUANTO À SUA GENIALIDADE

Se você tiver algum poder, terá uma cota de pessoas ao seu redor que só diz sim. Essa veneração pode torná-lo arrogante e tolo. Ceticismo ajuda. Sempre tenho em mente: "Nunca conheci ninguém que pudesse estar certo tantas vezes em seguida. Deve haver alguma coisa errada por aqui".

No beisebol, o batedor pode falhar sete a cada dez tentativas e ainda assim chegar ao Hall da Fama. Nos negócios, muitos CEOs imaginam ter uma média de rebatidas .900. Pessoalmente, contento-me com .500.[23] E nunca acredito em alguém que me diga que eu estou sempre certo.

---

[23] No beisebol, a taxa média de rebatidas é definida pelo número de rebatidas bem-sucedidas dividido pelo número de vezes em que o batedor se encontra naquele pequeno quadrilátero onde ele se coloca. Atualmente, uma média superior a .300 é considerada excelente e uma média maior que .400 algo quase que inatingível. (N.T.)

2. CERQUE-SE DE PESSOAS IGUALMENTE CÉTICAS

Se tiver poder para tal, crie um ambiente de responsabilidade em seu departamento, divisão ou empresa que se aplique a todos – inclusive você, o chefe.

Em vez de contratar só bajuladores, que pensam que as regras não se aplicam a você, contrate alguns tipos céticos que gostem, acima de tudo, de checar, mais de uma vez, tudo o que você faz. Se for inteligente, terá outras pessoas verificando seus relatórios de despesas antes de assiná-los. E todo alto executivo que não tenha um bom relacionamento com um advogado, e não o consulte regularmente, é um tolo.

Quando se é CEO, existem realmente pessoas cuja função é servir como freios e contrapesos para você. Seus diretores, seus consultores externos e seu CFO. Don Keough, ex-presidente da Coca-Cola e hoje aposentado, rememorou para a revista *Fortune* que, antes da era Enron-WorldCom, os CFOs costumavam ser "duros, inteligentes e maus... Trazer boas notícias não estava entre suas funções. Eles contavam a verdade nua e crua".

Peça também ao seus guardiões que lhe contem a verdade e que o façam recuar toda vez que observarem um lapso de discernimento de sua parte. Prime por receber bem os pontos de vista dos diretores independentemente de sua organização – indivíduos que sejam de funções suficientemente diferentes e que possam trazer novas perspectivas para o seu pequeno mundo.

Caso chegue ao cargo de CEO, peça aos membros do conselho que o questionem. Encoraje-os a se reunir sem sua presença. Peça seus conselhos como indivíduos. Diretores com pensamento independente impedirão que você, bem como toda organização, caia no mundo ilusório do sucesso efêmero.

3. PRESERVE AMIGOS QUE O FAÇAM LEMBRAR QUE VOCÊ AINDA É HUMANO

Caso seja bem-sucedido, será fácil ir para o mundo dos executivos de Stepford[24] e suas esposas, onde nada de mal acontecia e a grama estava sempre bem cortada como num campo de golfe.

---

[24] Referência ao livro *The Stepford Wives* (Mulheres Perfeitas ou As Possuídas), de Ira Levin. Detalhes em http://pt.wikipedia.org/wiki/The_Stepford_Wives. (N.T.)

Entretanto, passar muito tempo na terra dos executivos provavelmente o levará a esquecer os aspectos comuns da vida. Isso pode contribuir para que sua marca pessoal seja má administrada conduzindo-a para a infâmia.

O problema de se andar apenas com executivos é que toda a conversa é conversa de gente graúda: "Nossa, o mercado está terrível", "Que vamos fazer com o Congresso?". Nenhum deles irá dizer: "Minha mãe está doente". Nunca falarão com você sobre qualquer coisa emocional. Isso poderia parecer um sinal de fraqueza. E irão julgá-lo por seus rendimentos e por sua capacidade de reconhecer qual é o garfo do picles em vez de saber que tipo de pai você é.

É importante se lembrar de que, embora seja onipotente em seu escritório, você está sujeito, como qualquer um, aos eternos problemas da vida de um ser humano. Cerque-se de pessoas que conversem sobre coisas humanas e o lembrem desses fatos e, quem sabe, você poderá sobreviver ao sucesso com seu discernimento em grande parte intacto.

4. TENHA CERTA COMPAIXÃO POR SUAS VÍTIMAS

Todos os executivos são obrigados a fazer coisas desagradáveis. Às vezes, têm de limitar as despesas. Outras, têm de negar aumentos às pessoas. Às vezes, são obrigados a demitir pessoas.

Muitas vezes não há alternativa para essas coisas ruins, entretanto, é importante não se esquecer dos sentimentos. Um dos problemas com os altos cargos no mundo dos negócios é que eles entorpecem os sentimentos. As pessoas a quem se responde – analistas e investidores – são *quants*[25]. Querem números. E manter um equilíbrio entre ter sentimentos e lidar com números quase sempre é difícil.

Mas pode ser feito. Você pode ser um executivo duro sem se tornar uma Maria Antonieta. Tente se lembrar de que "Eles que comam brioches!"[26] não

---

[25] Alusão ao livro *The Quants*, de Scott Patterson, que trata da aplicação de análise quantitativa a fundos *hedge*. (N.T.)

[26] Frase que teria sido proferida por uma "grande princesa" após saber que os camponeses não tinham pão para comer. Como o brioche era enriquecido com manteiga e ovos, ao contrário do pão tradicional, a frase refletiria a negligência da princesa em relação às condições do povo. Embora comumente atribuída a Maria Antonieta, não existe nenhum registro que informe que tal frase tenha sido proferida por ela. (N.T.)

é um sentimento aceitável quando se tem pessoas em suas mãos, assim acabará tomando decisões melhores.

5. CRIE OUTROS INTERESSES, ALÉM DO GOLFE, PARA AS SUAS HORAS DE LAZER

Permita-me lhes contar sobre meus passatempos pouco usuais. Planto tomates e morangas e fabrico velas. Eu trabalho com minhas mãos. Nas tardes de domingo, eu não assisto aos Masters, mas ao History Channel.

Essas são coisas que faço quando estou fora do escritório e não são recomendações para ninguém. Eis o que eu aconselho: faça coisas em seus momentos de folga que o façam lembrar que o mundo é bem maior que o reino organizacional. Isso evitará que se torne um tolo.

6. LEMBRE-SE DE QUEM SUSTENTA SUA FAMÍLIA

Pode-se aprender muito ao passar uma infância dormindo em um pequena despensa, bem em cima do armazém da família. Quando eu era pequeno, o fornecedor de frutas e verduras vinha uma vez por semana com uma caixa de laranjas.

Não as vendíamos por peso, mas por unidade. Meu avô sempre perguntava quanto custavam e instantaneamente fazia os cálculos de cabeça para obter o preço que cobraria por cada laranja para ter lucro.

Um dia o rapaz lhe deu um preço mais alto que o habitual.

Meu avô falou: "Coloque-as de novo no caminhão".

O homem ficou surpreso: "Você sempre compra uma caixa de laranjas, toda semana!", disse ele. Tratava-se de uma comunidade italiana, e as frutas eram muito caras para eles, o que o fornecedor não entendia.

Meu avô disse: "Para que irão me servir se meus clientes não terão condições de pagar o preço delas?".

Essa foi uma lição interessante para mim. Meu avô conhecia seus clientes tão bem que sabia exatamente o quanto estavam dispostos a pagar por uma laranja – e qual o preço pelo qual elas ficariam mofando na caixa. E sabia também a quem ele deveria agradar. Não a si próprio, não ao fornecedor, mas àqueles que deixavam o dinheiro no caixa.

Infelizmente essa é uma lição fácil de ser esquecida. Nós construímos uma sociedade onde as pessoas que atingem um sucesso razoável podem criar um muro em torno de si, isolando-se de quase tudo – especialmente das pessoas que pagam as contas.

Quase havia esquecido de meu avô e suas laranjas até passar minhas férias no Maine no fim de 1988, tentando me recuperar das feridas mentais que tive de suportar após trabalhar na campanha presidencial do Dukakis.

Eu estava numa loja da Sears, em Brunswick, no Maine, e havia duas senhoras de cabelos azulados no caixa à minha frente. Uma delas estava comentando se ela teria condições ou não de comprar um par de sapatinhos para sua neta e pedindo o conselho da outra.

Percebi, chocado, quanto tempo havia se passado desde a última vez em que era cercado por pessoas com QI inferior a 140 ou por qualquer pessoa que não estivesse preocupada com as grandes consequências de assuntos tais como a pena de morte, o bem-estar econômico do país, como evitar outra crise com reféns ou o que fazer a respeito do desemprego.

Também prometi a mim mesmo, como forma de autopreservação, que nunca mais me esqueceria daquelas senhoras que estavam analisando o custo-benefício num par de sapatinhos de bebê.

A verdade é que quando se perde o contato com as pessoas que compram aquilo que sua empresa vende ou com queles que possuem ações de sua companhia, perde-se de vista o que é importante. Perde-se os instintos para produtos e *marketing*. Esquece-se de fazer as perguntas certas. Fica-se sem nenhum senso do rumo que sua empresa deveria estar tomando. Inevitavelmente, acaba estragando tanto a marca de sua empresa como a sua própria.

As pessoas dizem que é importante nunca se esquecer de suas origens. Isso é questionável. O que é *realmente* importante é se lembrar de quem está sustentando sua família. E certamente não é apenas você, com a magnificência de sua genialidade.

| Não perca o contato com as pessoas que sustentam sua família: seus clientes e acionistas. |

São seus clientes e acionistas.

Então nunca se esqueça de que, embora você possa ser o mandachuva da empresa, ainda é responsável por bastante gente lá fora – por aqueles que compram os seus produtos e aqueles que possuem as ações de sua empresa. São eles os responsáveis pelo seu sustento e, em troca, é bom dar a eles lealdade e atenção.

ANGARIE UMA BOA REPUTAÇÃO FORA DE SEU PEQUENO REINO

Pessoas que construíram marcas realmente grandes não são aquelas que pensam que o sucesso as exime das regras às quais as demais pessoas estão submetidas. Em vez disso, usam seu sucesso para se conectar com o resto do mundo.

É inteligente de sua parte se desdobrar para conquistar a aprovação da comunidade ao seu redor. Isso é importante, não só para a sua marca, mas também para a marca da organização para a qual trabalha. Se for benquisto, as pessoas passarão a pensar melhor a respeito da companhia que representa – dar a ela o benefício da dúvida. É exatamente isso que pode fazer a diferença entre sucesso e fracasso num empreendimento.

Falemos sobre como conquistar essa boa reputação.

> **Três poderosas formas de conquistar uma boa reputação:**
> 1. Tratar a imprensa com respeito.
> 2. Trabalhar duramente para tornar sua organização bem-sucedida.
> 3. Retribuir.

1. TRATE A IMPRENSA COM RESPEITO

Quando se atinge um certo estágio na carreira, a imprensa vai querer conversar com você sobre o que está fazendo. Inicialmente, você pode começar a receber telefonemas de jornalistas de publicações ligadas ao mundo dos negócios e de jornais independentes locais. Porém, mais adiante, se tiver muita sorte ou muito azar, terá Bob Woodward[27] na linha.

Como regra geral, você e sua organização devem cooperar com os repórteres. Afinal de contas, são essas pessoas que retratam a sua marca e a sua organização para todo o mundo. Convença-os de que você é generoso por conceder seu tempo a eles e dar suas opiniões, de que não tem medo de responder às suas perguntas, e muito provavelmente o retrato a seu respeito será positivo.

Claro que sempre há riscos ao se conversar com repórteres. Mesmo recebendo muitas citações favoráveis da imprensa, sempre existirão também as histórias negativas. Com o passar do tempo, uma relação de 80 boas para 20 ruins é saudável. Obviamente, não há político na face da Terra que recusaria a proporção de 80:20 nas pesquisas. Infelizmente, um número muito grande de políticos, executivos e celebridades acha inaceitável quando essa proporção aparece nos jornais. Eles se esquecem de uma coisa chamada Primeira Emenda que permite à imprensa criticá-los (liberdade de imprensa). E uma vez "queimados" eles passam a tratar a imprensa com desprezo ou tentam neutralizá-la.

Em geral, tratar mal a imprensa é uma lenta forma de suicídio da marca. O maior exemplo negativo de todos os tempos – uma lição do que não se deve fazer – é Richard Nixon. Sensível às críticas e ressentido por temperamento, ele decidiu, logo no começo de sua carreira política, que a imprensa seria sua inimiga e deveria ser tratada desta forma. Em 1962, após perder a corrida para governador da Califórnia, Nixon fez um discurso de aceitação da derrota, famoso por sua amargura. "Vocês se divertiram muito às minhas custas", disse ele aos repórteres reunidos. "Vocês não terão mais o Nixon para maltratar, nunca mais."

Obviamente ele estava errado em relação a isso.

Mesmo quando era candidato à presidência ou já presidente, Nixon tentou a todo custo evitar a imprensa como se fosse possível se livrar dela, como Joseph C. Spear apontou em seu livro *Presidents and the Press:* Nixon Legacy. Nixon não era somente evasivo, certas vezes insultava abertamente a imprensa e, em segredo, mantinha a lista dos repórteres que lhe tinham cau-

---

[27] Repórter do escândalo Watergate. (N.T.)

sado problemas. Quando a credibilidade de sua administração foi finalmente destruída pelo escândalo de Watergate, a imprensa deu uma resposta aos anos de raiva reprimida e frustração – a ponto de, conforme dito por Spear, repórteres o terem "vaiado e ridicularizado" durante as conferências de imprensa diárias da Casa Branca.

Mesmo em seu túmulo, o terrível relacionamento de Nixon com a imprensa continua a feri-lo. Isso explica, em parte, porque ele é mais lembrado por suas transgressões do que pelos seus feitos. A imprensa ainda continua a lhe dar pontapés.

Se você se incomoda com jornalistas inquirindo sobre seus negócios, meu conselho é: supere isso. A verdade é, apesar de às vezes nos defrontarmos com um jornalista inescrupuloso, na maioria dos casos eles são éticos. Se estão fazendo perguntas que você não gosta, geralmente é porque eles têm um trabalho a fazer.

Isso não significa que se deva aceitar qualquer pedido de entrevista, responder a todas as perguntas e nem dar informações confidenciais. Os jornalistas também se esquecem de que também temos direito a liberdade de expressão, que significa poder escolher quando falar e o que dizer.

Também não significa que se tenha de atender repórteres mal intencionados ou incompetentes. Ou que se tente colecionar um grande número de notícias na imprensa sobre si próprio. Eu não endosso a teoria que diz que enquanto grafarem corretamente meu nome, qualquer publicidade é boa publicidade.

Se você se incomoda com jornalistas fazendo perguntas sobre seus negócios, supere isso. Será muito melhor trabalhar com eles do que contra.

Momentos para se dizer não a jornalistas:
- quando não se tem tempo para responder a todas as solicitações de entrevista;
- quando eles querem que você revele informações confidenciais;
- quando o repórter é um daqueles poucos que realmente têm más intenções;
- quando o repórter pertence à minoria incompetente ou não ética;
- quando você está simplesmente tentando satisfazer sua vaidade ao colecionar notícias de jornal.

Tudo isso quer dizer que é geralmente melhor se trabalhar com os jornalistas do que contra eles. Estes formam um grupo que deve ser combatido, mas não temido.

Atenha-se aos fatos quando falar com eles. Não seja emocional. Lembre-se de que você não está em um julgamento. Recorde-se também que não se pode controlar a história. Existe um grande número de boas notícias que chegam aos jornais como pequenas notas porque a publicação não tem quantidade suficiente de anunciantes e quer economizar papel. Por outro lado, más notícias podem ocupar bastante espaço durante o verão, pois é uma época em que pouca coisa está acontecendo.

Entenda apenas que, quando se atinge certa proeminência, esse escrutínio faz parte do pacote.

Finalmente, demonstre certa coragem. Saia e fale com repórteres mesmo quando sua organização está anunciando más notícias. Não se esconda sob as saias do pessoal de relações públicas. Se estiver demitindo pessoas, certifique-se de que os motivos sejam explicados por você.

No fim, a escolha é sua: você quer que sua imagem pública seja baseada em insinuações e rumores? Ou quer que ela seja baseada no acesso direto a você quando se tem pelo menos alguma chance de influenciar o resultado?

Em muitos casos, dar acesso é a forma mais segura.

Apesar da notória sede de sangue pela próxima boa história, os jornalistas são, na verdade, seres humanos. Se com o passar do tempo você se estabelecer como alguém que é confiável e útil para eles, é bem provável que lhe retribuam tratando-o com respeito e gratidão. Idealmente, eles acabarão transmitindo este respeito para seus leitores, ouvintes e espectadores.

2. TRABALHE ARDUAMENTE PARA FAZER COM QUE SUA ORGANIZAÇÃO BEM-SUCEDIDA

É muito simples: construa algo que o mundo admire e estará edificando boa reputação. George Steinbrenner é alguém que conseguiu reabilitar uma marca muito problemática principalmente pelo fato de ter descoberto como vencer.

Nos seus 20 primeiros anos como proprietário principal do New York Yankees, Steinbrenner foi o perfeito exemplo de um executivo que se comportava como se as regras não se aplicassem a ele. Em 1974, ele se confessou culpado em fazer contribuições corporativas ilegais para a campanha de reeleição do Nixon. Em 1990, ele foi afastado das operações do dia a dia dos Yankees por ter pago US$ 40.000 a um apostador para encobrir fatos comprometedores sobre o jogador Dave Winfield. Suas deficiências como administrador eram infames. Ele trocava gerentes num piscar de olhos e brigava com seus funcionários.

Claramente ele cometeu vários erros por arrogância. Mas durante os anos 1990 ele alterou seu estilo de gerenciamento, tornou-se mais paciente, prestando mais atenção às divisões de base e interferindo menos no trabalho de seus gerentes. Como resultado, os Yankees conseguiram ganhar quatro *World Series* entre 1996 e 2000.

O jornalista esportivo Buster Olney do *New York Times* observou: "Todas essas vitórias foram boas para a reputação do Steinbrenner". Torcedores agradecidos pararam de vê-lo como um tirano impossível e passaram a encará-lo como um rabugento adorável – não sem defeitos, certamente, mas alguém com o coração no lugar certo.

Se você construir algo que as pessoas passam logo a respeitar, seus defeitos também passarão a ser vistos como exceções à regra, e não a regra.

No entanto, caso faça parte de algo que não deu certo, ninguém irá lhe perdoar. Essa é outra lição que aprendi da campanha presidencial de 1988 de Michael Dukakis. Eu me juntei à campanha seis semanas antes das eleições para tentar salvar um inepto esforço de propaganda. Após a eleição, quase fui linchado em praça pública. A imprensa disse que a propaganda tinha sido péssima – e realmente foi. Mas ninguém queria ouvir os porquês. Éramos perdedores, e tive simplesmente de suportar minha cota de críticas.

> **Se você construir algo que as pessoas respeitam, elas poderão lhe dar um desconto por seus defeitos.**

Claro que a marca Steinbrenner teve outras coisas além do sucesso para ajudá-la. Uma delas é que ele teve sempre um coração mole.

3. RETRIBUA

Steinbrenner fez caridade durante todo tempo, particularmente para crianças. Ele era caridoso tanto em pequena como em grande escala. Ficou notório o fato de, certa vez, ter auxiliado um rapaz surdo que estava querendo autógrafos dos jogadores. Steinbrenner o mandou para o Memorial Sloan--Kettering para ajudá-lo a tentar recobrar a audição.

Ele simplesmente disse: "Eu vivo bem porque trabalho bastante, mas quando vejo um necessitado, gosto de doar".

Gostar de doar é sempre uma característica solidária. Mas cultivá-la é crucial caso pretenda se tornar mais proeminente e bem-sucedido.

Se não doar algo significativo para sua comunidade, seja seu dinheiro, seu tempo ou sua influência, para patrocinar boas causas, e se você não fizer tudo que puder para que sua organização faça o mesmo, você será tido como ingrato. As pessoas torcerão pelo seu fracasso.

Encontrar-se com problemas após *não* ter feito nenhum bem à sua comunidade e *não* ter defendido boas causas é uma das piores posições em que se pode encontrar. O antigo CEO da Sunbeam, Al Dunlap – também conhecido como "Chainsaw Al" por seu estilo implacável como especialista na recuperação

> **Quanto mais bem--sucedido você for, mais importante será, para sua marca, a doação de seu tempo, seu dinheiro e sua influência.**

de empresas – é o perfeito exemplo de pessoa que se viu encrencada por ter acumulado pouco para sua boa reputação. Ele se sentia orgulhoso de sua disposição em demitir milhares de pessoas e desprezava abertamente a ideia de que as corporações deveriam dar algo à comunidade, tendo eliminado a filantropia corporativa tanto da Scott Paper quanto da Sunbeam. Quando foi demitido do cargo de CEO da Sunbeam em 1988, houve praticamente um desfile de comemoração. John Byrne da revista *Business Week* escreveu: "Raramente alguém expressa contentamento pelos infortúnios de outros, mas a saída de Dunlap induziu uma alegria desenfreada em muitos cantos".

Por outro lado, alegar ser um bom cidadão com o claro intuito de se defender de algo também não ajudará sua marca. Quando se está no meio de um escândalo, não é definitivamente o momento adequado para se falar sobre suas atividades filantrópicas. Nesta ocasião, ou você tem uma história positiva ou não. Em caso positivo, suas boas ações vão falar por si mesmas. Caso contrário, o mundo passa a suspeitar dos convertidos em seu leito de morte, que se transformam em filantropos a conselho do pessoal de relações públicas.

Então doe por uma boa razão. Doe porque o mundo o fez próspero e bem-sucedido e você está em débito com ele.

> **Como doar adequadamente:**
> - doe porque é a coisa certa a se fazer;
> - doe quando você pode fazer a diferença;
> - doe para sua comunidade local; e
> - doe pessoalmente.

Por fim, filantropia pode ajudar a reabilitar uma marca pessoal deteriorada – mas só se você demonstrar um firme comprometimento a uma boa causa bem depois que a má impressão já tiver desaparecido. Bill Gates oferece o melhor exemplo disso. Ele ajudou muita gente a se esquecer do caso de antitruste pela forma silenciosa como moveu montanhas para ajudar a prevenir e curar doenças no terceiro mundo. A ajuda da Fundação Bill & Melinda Gates possibilitou à *Global Alliance for Vaccines and Immunization* salvar as vidas de estimadamente 2,9 milhões de crianças entre 2000 e 2007.

Algumas regras para angariar boa reputação pelo apoio a boas causas:

- Doe onde você puder fazer a diferença. Se você tem os recursos de Bill Gates, você pode melhorar as condições de saúde de continentes inteiros. Se seus recursos forem menores, tente causar um impacto tão profundo em uma arena menor.
- Doe para sua comunidade local. O local com o qual você tem o maior débito de gratidão – e o lugar onde mais você precisa cultivar a boa reputação – é seu próprio quintal.
- Doe pessoalmente, usando seu próprio tempo e dinheiro também.

CONSTRUA UM RESERVATÓRIO DO QUAL POSSA LANÇAR MÃO EM TEMPOS DE SECA

Seja generoso com seu tempo, dinheiro, poder, ideias e esforços porque você agora é um sucesso e, portanto, *deve* ser generoso. Também esteja ciente de que um dos efeitos positivos desta generosidade é que tanto você quanto sua organização terão algum desconto por erros que venham cometer pelo caminho.

O ex-presidente do Citigroup, Sandy Weill, é um importante exemplo de um executivo que foi inteligente o suficiente para construir um reservatório de boa reputação muito antes do momento em que teve de precisar dele. Na época em que o Citigroup estava envolvido em excessos cometidos na alta vertiginosa das ações de empresas de tecnologia de ponta que o forçou, em 2003, a contribuir com US$ 400 milhões em um acordo regulatório por conflito de interesses em Wall Street, Weill já tinha feito as coisas certas durante muitos anos. Ele tinha conversado regularmente com repórteres. Tinha construído o que era comumente chamado de "a mais lucrativa corporação do mundo". E tinha sido um dos grandes filantropos do país.

Weill era, no entanto, vorazmente atacado pela imprensa voltada para o mundo dos negócios. E sua marca pessoal tinha recebido tantos golpes que ele foi obrigado a se retirar do posto que tinha no conselho da Bolsa de Valores de Nova Iorque.

Mas eis o que não aconteceu com ele: diferentemente de muitos outros envolvidos em escândalos corporativos, ele não foi bombardeado com uma enorme quantidade de editoriais chamando-o de Simon Legree[28].

Em julho de 2003, Weill anunciou que estava passando o cargo de CEO para Charles Prince. A história poderia ter sido contada como se Weill fosse um executivo prejudicado, fugindo da alegada má conduta organizacional. Realmente, muitos jornais mostraram o caso desta forma. Entretanto, no geral, Weill foi tratado calorosamente, como uma figura proeminente dos negócios nos Estados Unidos, e a alegada má conduta foi somente um dos subtítulos. O *New York Times* dedicou mesmo um editorial a ele para

---

[28] Cruel senhor de escravos do livro *A Cabana do Pai Tomás*, de Harriet Beecher Stowe, que se tornou símbolo de pessoa ríspida e impiedosa. (N.T.)

> **Conquiste uma boa reputação nos bons tempos, pois precisará dela nos momentos ruins.**

garantir que ninguém se esquecesse de "sua espetacular filantropia".

Use essa dica de Weill, um dos mais inteligentes homens de negócios da história. Comece construindo um excesso de boa reputação hoje e seus erros também aparecerão somente nos subtítulos de uma grande carreira.

"Que erros?", você poderia dizer. Bem, toda pessoa proeminente e toda organização acaba por cometê-los. No próximo capítulo, falaremos sobre como lidar de forma inteligente com as críticas do público, quando estas forem realmente provocadas por você.

REGRA 9

QUANTO MAIS ALTO VOCÊ VOAR, MAIS TIROS RECEBERÁ

Suponhamos que você tenha evitado os piores excessos de arrogância, verdadeiros destruidores de marcas. Infelizmente, não se pode esperar que, só porque não se comportou como um fora da lei, sua marca não será publicamente criticada. Não é preciso um crime ou um ato extremamente imoral para gerar notícias negativas. Sob certas circunstâncias, basta o fato de gastar muito dinheiro no cabeleireiro ou ter lançado um produto que ninguém gostou ou que você joga bola durante o expediente.

Todo mundo erra, e todos fazem coisas bem intencionadas que se parecem com erros. Quanto mais alto for seu perfil, por causa do sucesso, torna-se mais provável que um erro, cometido ou percebido como tal, seja amplamente divulgado.

É muito simples. Quanto mais altos forem seus voos, mais interessante será atirar em você. Seus embaraços, tanto pessoais como profissionais, tornam-se notícia. Por acaso alguém se importa se um estagiário da Casa Branca está tendo um caso com uma estagiária? Fora as partes envolvidas, não. Mas se for o Presidente dos Estados Unidos que tem caso com uma estagiária da Casa Branca, bem, a coisa fica interessante. Mais ainda se ele tiver mentido sobre isso.

Obviamente, Bill Clinton é um caso extremo de alguém que parecia gostar de voar alto sem paraquedas. Entretanto, não conheço nenhuma pessoa proeminente, em qualquer setor, cuja marca não tenha se tornado um alvo, num determinado momento. Isso inclui reitores de universidades, cabeças de organizações sem fins lucrativos, artistas de cinema, atletas profissionais, empresários artísticos, assim como políticos e líderes de empresas. Isso sempre vem junto com o sucesso.

> Uma vez que tenha atingido certo grau de proeminência, em qualquer setor, as críticas públicas vêm junto no pacote.

Se você for bem-sucedido, em algum momento gerará críticas que serão amplamente divulgadas. Vai receber golpes da imprensa. Vai ser processado. E não será nada divertido. Vai se sentir como se tivesse um pica-pau sentado sobre sua cabeça. Não importa o que você estiver pensando, terá essas doloridas marteladas para enlouquecê-lo.

Mas você ganhará ânimo a partir da longa lista de pessoas que foram publicamente execradas em algum momento de suas carreiras, mas que, não obstante, conseguiram se manter no topo – gente como a senadora dos Estados Unidos, Hillary Rodham Clinton, o galã de Hollywood, Hugh Grant, o presidente da Microsoft, Bill Gates, o apresentador de rádio, Don Imus, e muitos outros.

Se você for uma pessoa ambiciosa, meu conselho é de se preparar para as notícias negativas desde já. Mais cedo ou mais tarde você terá de enfrentar manchetes desagradáveis. Se tiver sorte, a história somente correrá no boca a boca pela empresa. Se tiver azar, você aparecerá na capa do *New York Times* com a barba por fazer e um novo apelido que ninguém esquecerá. Se souber lidar bem com o ataque, será possível transformar uma história que duraria um ano inteiro em uma que dure poucas semanas e que não arranhe, de forma duradoura, sua marca. Se lidar brilhantemente com esses golpes, poderá mesmo sair dessa prova de fogo com sua marca fortalecida.

Neste capítulo, vamos falar sobre como evitar e lidar com notícias. Mas se caso ainda não tenha atingido um nível que torne seus feitos atrativos para a imprensa, os mesmos princípios valem para as críticas recebidas dentro de uma organização.

Eis aqui as regras para minimizar os estragos de qualquer história negativa e para maximizar suas chances de transformar adversidades em vantagens para si mesmo.

ENTENDA QUANDO, COMO RICKY DISSE PARA LUCY[29], "VOCÊ TEM DE DAR ALGUMA *EXPLICAÇÃO*"

A melhor maneira de lidar com notícias negativas na imprensa a seu respeito é, em primeiro lugar, *não* ter uma notícia negativa para lidar. Você poupará muitas confusões para si próprio e para sua organização se explicar as coisas para todos antes que estas se transformem em problemas. Para seus críticos, a percepção quando se encontra informações que você preferia esconder é muito diferente de quando estas são ouvidas diretamente de você. Agir por antecipação desarma.

> **Prevenir notícias negativas é o melhor caminho. Explique as coisas para o mundo antes que essas se transformem em problemas.**

Obviamente, é fácil dizer "antecipe problemas", mas é bem mais difícil colocar isso em prática. Permita-me contar sobre minha própria e dolorida experiência.

No segundo trimestre de 2003, John Hancock anunciou em sua declaração para procuração[30] que meu pacote de salários e benefícios seria de US$ 21,7 milhões. De repente, estávamos diante de manchetes que diziam: "Presidente da Hancock embolsa 21,7 milhões mesmo com a empresa tendo apresentado um péssimo desempenho este ano". Eu fui massacrado tanto na imprensa local como na nacional.

---

[29] Do seriado "I Love Lucy". (N.T.)
[30] Declaração para procuração (*proxy statement*). Informações que, de acordo com a Comissão de Valores Imobiliários (Securities and Exchange Commission – SEC), devem ser fornecidas aos acionistas antes que eles votem por procuração sobre questões societárias. A declaração contém a relação dos membros propostos para o conselho de administração, salários dos conselheiros internos e informações pertinentes relativas a bônus e planos de opções, bem como qualquer decisão dos acionistas minoritários e da administração. Fonte: Dicionário de Termos Financeiros e de Investimento. (N.T.)

Na realidade, grande parte dos US$ 21,7 milhões era composta tanto por pagamento de incentivos de longo prazo relativos ao bom desempenho da companhia em anos precedentes quanto por ações restritas com opção futura. Então o valor total representava a soma de maçãs com laranjas e cerejas, e não o que eu recebi por um ano de trabalho – o que confundiu muita gente.

Mesmo assim, eu fiz bobagem. Embora nossos informes de salários satisfizessem as obrigações legais da companhia, eu poderia ter providenciado antecipadamente uma completa explicação sobre esse pacote. Dessa maneira, eu teria evitado ter de responder aos questionamentos durante o rápido desenrolar da história que, uma vez em circulação, parecia crescer seus próprios tentáculos.

Afinal de contas, US$ 21,7 milhões é muito dinheiro, e seria bem previsível que algumas pessoas fossem fazer questionamentos sobre isso.

O *BUNKER* NÃO VAI FUNCIONAR PARA VOCÊ MELHOR DO QUE PARA EVA BRAUN

Agora vou contar-lhes o que fiz corretamente: nós nunca tentamos mentir a respeito desse assunto, encobri-lo ou minimizá-lo. Nunca tentamos tornar a história insignificante. Ninguém disse: "Eu quero me concentrar na minha salada" – a forma infame e desdenhosa com a qual Martha Stewart respondeu às questões sobre a venda das suas ações da ImClone no programa *Early Show* da CBS. Convidamos um grande analista de Wall Street para vir a Boston para que pudéssemos responder às suas indagações. Disponibilizamos nosso responsável pelo comitê de salários e benefícios para explicar as intenções deste comitê – o que ele fez com grande eloquência.

Talvez tenhamos perdido a chance de explicar as coisas de forma mais direta e antecipadamente, mas pacientemente fornecemos nossas explicações *a posteriori*. Uma vez que tenha se envolvido em uma notícia negativa, terá de conviver com ela por bastante tempo e, portanto, deverá usar esse tempo para esclarecer seu ponto de vista.

Obviamente, uma vez que a história tenha sido revelada, mesmo que você se explique, não recuperará imediatamente as perdas sofridas por sua marca.

Nunca subestime a força de um argumento simples contra você: você pagou ou não este valor? O que o presidente sabia e quando ele soube? Você parou de bater em sua mulher? Esses argumentos "denominadores comuns" – que normalmente envolvem luxúria, ganância, loucuras do poder ou alguma combinação desses três – são tão convincentes que as pessoas não querem ser dissuadidas deles.

Por exemplo, uma vez que tenha sido revelado que sua companhia "comprou para você" uma cortina de banho de US$ 6.000 – como aparentemente fez Denis Kozlowski, CEO da Tyco, que foi condenado por roubar a empresa – o que se pode fazer para alterar a impressão causada por isso? Mesmo que seu decorador diga que a cortina era, na realidade, uma *divisória* estofada, como fez o de Kozlowski, e daí? Isso convenceria alguém que você não estava se comportando como Calígula? Provavelmente não.

> **Uma vez que um simples argumento contra você tenha sido divulgado pela imprensa, não espere derrotá-lo com explicações complicadas. Mas, de qualquer maneira, terá de se explicar.**

No meu caso, todas as dolorosas explicações do mundo não convenceriam o cara que me empurrou, quando eu atravessava a Dartmouth Street em Boston, e rosnou: "Alguém que ganha tanto dinheiro deveria ter um carro e motorista".

Entretanto, uma das piores coisas que se pode fazer é se enfiar num *bunker* e não se explicar. A história original contra você é como um rio. Vai correr seu curso e não se tem muito a fazer para bloquear o canal. A pergunta realmente significante é: pode-se evitar com que os afluentes continuem a contribuir com mais água?

Se você não for cuidadoso, assim que a história aparecer, a imprensa estará de posse de uma dúzia de fatos potencialmente prejudiciais a seu respeito, e todos aqueles da cidade que nunca foram com sua cara darão sua contribuição à torrente. Acumular dados se torna o *modus operandi*. E o fator "aha!" traz um monte de coisas peculiares.

No meio desta nossa história sobre salários, um repórter ligou para mim e disse: "Eu fiquei sabendo que seu escritório possui uma passagem secreta para um lugar onde você tem uma academia de ginástica privada com sauna e

> **Comportar-se de maneira proativa após o aparecimento de uma notícia ruim a seu respeito normalmente não irá desfazer completamente os estragos causados à sua marca. Mas provavelmente irá evitar que ela se espalhe.**

um *spa*". Informação estranha, mas mentirosa. Entretanto, ele estava pronto para publicá-la.

O que é enervante nesses ataques é a relativa velocidade com que eles são ventilados. Podem começar pelo lado profissional e se mover para o pessoal, ou podem começar pelo pessoal e ir para o profissional – e, muitas vezes, no final das contas, nada é consistente.

Como impedir que os afluentes secundários alimentem o rio e destruam sua marca permanentemente? Pelo menos, muitos deles nem começarão caso tenha construído um reservatório de boa vontade suficiente durante sua carreira.

Alguns secarão instantaneamente se perceberem que você é suficientemente direto, franco e razoável nas respostas às perguntas que lhes são feitas – e se conseguir encontrar uma forma de corrigir seus erros rapidamente.

Obviamente, embora seja crucial ser aberto e honesto, isso não significa que se tenha de repassar pelo mesmo fato dúzias de vezes. Explicar-se, de forma decisiva, uma ou duas vezes deve ser suficiente.

Isso também não quer dizer que se tenha de responder a todas as perguntas dos jornalistas e analistas de Wall Street. Pode ser ilegal, inclusive, dizer certas coisas. Outras revelações podem magoar desnecessariamente sua família, seus amigos ou sua organização. A CEO da Xerox, Anne Mulcahy, por exemplo, ganhou muitos pontos por recolocar sua empresa de pé e por admitir honestamente os problemas da companhia. Entretanto, ela se arrepende profundamente de ter dito aos analistas, em 2000, que a Xerox era um "modelo de negócios insustentável". Como resposta, as ações caíram 26% em um mesmo dia.

Quando se está lutando contra notícias negativas, certo grau de discrição é necessário e será respeitado. Mas se parecer que você está escondendo fatos relevantes somente para salvar sua pele, sua marca estará acabada.

Se você se refugiar no *bunker* e se recusar a se explicar, a história se altera sutil e venenosamente. Não terá sido somente o erro particular cometido, mas sim sua má vontade de encará-lo. Isso leva pessoas a pensarem que sua história pessoal é repleta de falhas similares. De repente, todas os atos desafortunados de sua vida serão notícia.

O antigo congressista dos Estados Unidos, Gary Condit, é um grande exemplo daquele que teve a marca destruída por se retirar para o *bunker*. Antes tão popular, a ponto de o distrito eleitoral na Califórnia ser chamado de "Condit Country", ele perdeu a estima de seu público depois do desaparecimento, em 2001, de uma estagiária de 24 anos chamada Chandra Levy. A família dela, profundamente consternada, disse que Condit não estava dizendo toda a verdade quando este admitiu que tinha tido um relacionamento "próximo" com ela. A polícia de Washington sugeriu que ele também não foi totalmente franco com eles. "Foram necessárias três interrogatórios e muito esforço para chegarmos até aqui", disse o chefe de polícia substituto de Washington para a Associated Press.

A percepção era que Condit havia dificultado os esforços para encontrar a jovem a fim de proteger sua própria imagem. De repente, a aeromoça que teria tido um caso com ele estava contando aos jornalistas sua história. Desde o tipo de penteado do congressista até se seria ele o assassino estava sendo debatido abertamente. Sua carreira política acabou.

> **Se você parece estar escondendo informações apenas para salvar sua pele, sua marca está acabada.**

Se ele tivesse deixado de lado o *bunker*, sua marca poderia ter sobrevivido.

COMETER PERJÚRIO EM PÚBLICO É UMA MÁ IDEIA

Claro, pior ainda que se recusar a se explicar é falar uma completa mentira. Uma mentira pública pode soltar um número infinito de afluentes. Não importará mais o quão ultrajante ou improvável seja a história. Ela será provavelmente aceita pelo valor de face. Não se pode refutar nada, porque já não se terá nenhuma credibilidade.

Só Bill Clinton e Monica Lewinsky, por exemplo, sabem se a história infame do charuto, que ela contou ao Gabinete do Conselho Independente, em 1998, era verdade. Mas nes-

> **Se você mente sob escrutínio, não pode mais refutar nada com sucesso, mesmo a mais ultrajante história, porque não mais terá credibilidade.**

se ponto, ela poderia ter dito qualquer coisa sobre seu caso, tal como: "Bill Clinton me fez colocar uma fantasia do Piu-Piu". Como ele enganou o público sobre o relacionamento deles, sua credibilidade estava arruinada a ponto de qualquer coisa que fosse dita seria tida como verdade.

Não houve tantos escândalos políticos envolvendo sexo tão embaraçosos como o de Clinton – mas o do deputado americano Barney Frank chegou perto. Entretanto, o resultado foi bem diverso, porque ele lidou com esse problema de forma diferente: em 1989, um garoto de programa chamado Steve Gobie, que tinha tido relações sexuais com o congressista, alegou que dirigia um serviço de acompanhantes do apartamento de Frank. Gobie divulgou sua história por toda a imprensa e pela televisão, adicionando, cada vez mais, novas acusações.

> Contar a verdade é sempre desagradável. Provavelmente tirará certo brilho de sua marca. Mas quanto maior for seu *status*, só haverá uma mínima chance de escapar se você contar a verdade.

Mas Frank havia feito coisas importantes no passado, e eu o admiro por isso. Ele agiu como homem, sem nada a esconder. Pediu ao comitê de ética da Câmera dos Deputados investigar sua própria conduta. Admitiu seus erros em tom pesaroso. "Nunca imaginei que essa grande estupidez fosse uma violação às normas da Casa", disse ele na época.

Quando a revista *The Advocate* lhe perguntou, quase 10 anos depois, como ele tinha sobrevivido ao massacre, Frank respondeu: "Minha defesa foi contar a verdade. Eu disse que tinha feito uma coisa idiota, e as pessoas me apoiaram porque eu me coloquei no mesmo nível delas. Elas achavam que eu tinha feito algo errado, mas que isso não deveria determinar o fim de minha carreira política".

É exatamente o mesmo que acontece quando você conta a verdade no meio de uma notícia negativa a seu respeito. É desagradável. As pessoas provavelmente não vão gostar do que irá lhes contar. A verdade provavelmente vai custar à sua marca algum brilho.

Mas não é esse o ponto. A verdade pode ser um remédio amargo para uma marca, mas a mentira é tóxica. E quanto maior for o seu destaque, só haverá uma mínima chance de escapar se você contar a verdade, uma vez que se tornou o alvo de um exército de repórteres ambiciosos. Todos, de qualquer modo, vão achar que estará tentando esconder coisas; então, na dúvida, jogue limpo.

ESTEJA PREPARADO PARA OS DELATORES

Como disse anteriormente, se você é uma pessoa bem-sucedida, é muito provável que terá inimigos em lugares jamais imaginados. Alguém que demitiu há oito anos. Alguém cuja namorada você roubou em 1975. O ex-marido amargo que você largou anos atrás. Sanguessugas que pensam que é hora de fazer dinheiro processando-o. Pessoas que não gostam de você desde a infância. Gente em quem você não pensou durante anos.

Uma das coisas realmente inquietantes no que diz respeito a essas notícias negativas é a forma como esses inimigos – conhecidos e desconhecidos – surgem da escuridão. Eles não gostam de você, estão lendo notícias negativas a seu respeito e, de repente, têm meios de se vingar. Eles têm o poder de pôr lenha na fogueira.

Uma vez que a imprensa tem interesse em manter viva uma história que atrai atenção, os repórteres estão sempre ansiosos por ouvir o que essas pessoas têm a dizer. De repente, um repórter liga para você e pergunta: "Na faculdade, você foi realmente suspenso por mostrar seu traseiro para as meninas da associação universitária ao lado?". E, se for verdade, isso se tornará a manchete do dia seguinte: "CEO abaixou as calças para as garotas da associação XEΓ".

Pior do que as questões que esses informantes provocam na imprensa responsável são as coisas desagradáveis que espalham, sem filtro, para fontes de notícias menos responsáveis, tais como publicações na internet, *sites* de fofocas e salas de bate-papo. E piores que estas três combinadas são as venenosas cartas anônimas que chegam à sua porta.

Não há muito a se fazer com relação a essas maldades, a não ser se proteger, assim como à sua família, contra isso. Mais uma vez, ao se adiantar em relação ao fato e demonstrar sinceridade, é possível se conter a divulgação pública dessas notícias. Não minta para a imprensa sobre nada, não importa o quão antiga e embaraçosa seja a história – mesmo que passe a ser conhecido como o executivo que baixou suas calças em 1983.

TODA MARCA TEM PONTOS INCENDIÁRIOS; EVITE DERRAMAR GASOLINA NOS SEUS

Se você espera terminar uma longa e feliz carreira sem jamais ter sido a atração principal no "circo" da mídia, é sensato ficar atento aos dois tipos de história que têm maior potencial para abrir um grande caso.

Um é a história "de confirmação", na qual você confirma as suspeitas sobre sua marca, e o outro é o "de dar uma podada", em que se prova que determinado aspecto-chave de sua marca é uma mentira.

Watergate é o perfeito exemplo de história de confirmação. A marca Nixon havia sempre tido seu lado oculto de desonestidade. Ele tinha sido chamado de "Tricky Dick" desde sua candidatura a senador em 1950. Então quando ele foi finalmente – finalmente! – pego com a boca na botija, orquestrando truques sujos durante as manobras sórdidas para encobrir o caso Watergate, o resultado foi um pandemônio na imprensa.

> Notícias negativas fazem os informantes surgirem do nada. Então proteja-se e também à sua família, e não minta sobre nada.

Lembre-se: quando sua marca tem uma fraqueza de qualquer tipo, a madeira em brasa estará sempre sob você. Mas há escolhas. Ou se deixa com cuidado que ela se desintegre ao longo dos anos, ou se coloca fogo nela, como fez Nixon.

No entanto, se a história corre contrariamente às expectativas de sua marca e conflita com a maneira com que se pensa sobre ela, a imprensa vai correr para cima com igual apetite. Esse foi o problema enfrentado pelos tele-evangelistas Jimmy Swaggart e Jim Bakker. Na televisão você prega contra cometer pecados, e então se revela um pecador. Uma vez que poucas coisas são mais divertidas para um repórter do que expor hipócritas, instala-se um verdadeiro pandemônio na imprensa.

> Dois tipos de histórias são os que mais provocam um "circo" na mídia: as de confirmação e as de "dar uma podada". Procure não se meter em nenhuma delas.

Eu não sei qual dos dois casos é o pior: histórias de confirmação ou de "de dar uma podada". Ambas são muito, mas muito ruins. Evite despertar qualquer uma delas.

NÃO VÁ EM UMA *JIHAD*

É quase certo que, quando a imprensa já estiver lhe fazendo perguntas sobre o quanto gastou na mobília de sua casa ou como trata o pessoal de vendas, você estará sentindo muita pena de si próprio. E supondo-se que seja uma pessoa proeminente, que costuma ser bajulada o dia inteiro, você estará sentindo duplamente pena de si porque receber críticas lhe é estranho.

É crucial se lembrar de que o mundo provavelmente não o considera digno de piedade. Você é proeminente, bem-sucedido, tem sorte – e é visto como tendo feito algo errado. Não conquistará simpatia numa situação como essa. E sua atitude se tornará ainda mais repreensível caso se mostre irritado com seus críticos, reclame de forma não apropriada ou tente jogar a culpa de seus problemas nos outros.

Geralmente são nossas próprias maquinações que nos levaram a isso – nossos simples erros.

Não acuse seus funcionários, seu contador, seu cirurgião plástico, seus estudantes ou sua esposa. O antigo reitor da Trinity Law School, Winston L. Frost, é um excelente exemplo de como a tentativa de jogar a culpa em outros pode fazer a história ficar ainda pior. Em 2001, ele havia sido acusado de algo que já seria indigno para um estudante do primeiro grau, quanto mais para um reitor de escola de Direito: plagiar a *Enciclopædia Britannica* num artigo publicado no jornal da faculdade.

A resposta de Frost? Ele acusou as crianças. Disse que esperava que os estudantes da equipe de revisão "corrigissem" as notas de rodapé faltantes em seu artigo e que estes tinham falhado em fazer isso.

Em vez de tentar silenciar a história, na tentativa de Frost de fugir de sua responsabilidade por seu próprio trabalho, ele manteve a história viva e desencadeou consequentes alegações de plágio. Isso também levantou sérias questões sobre seu comportamento como acadêmico, como professor de Direito e como figura principal em uma universidade cristã. E isso não o livrou de ser demitido.

Não jogue a culpa em uma grande conspiração anônima. No final de 2002, o ex-senador norte-americano, Trent Lott, foi forçado a pedir demissão do cargo de senador da República após um comentário tolo, onde louvava a campanha segregacionista de Strom Thurmond para presidência, em 1948.

> É importante lembrar que, quando se é alvo de notícias negativas na imprensa, você não será uma figura simpática. Então não tente jogar a culpa:
> - em pessoas próximas a você;
> - em uma conspiração de inimigos anônimos; e
> - na própria imprensa.

Lott só se tornou motivo de riso ao sugerir que tinha sido vítima de discriminação. "Existem algumas pessoas em Washington que têm tentado me derrubar há muito tempo", disse ele a Associated Press. "Quando se é do Mississipi, conservador e cristão, há muita gente que não gosta disso. Eu caí na armadilha deles e, portanto, só posso culpar a mim mesmo."

Falar mal de seus inimigos não irá torná-lo um mártir – o fará parecer um bebê, e possivelmente um bebê perigosamente paranoico.

A culpa que é jogada para a imprensa tende a voltar como um bumerangue. Embora muitas pessoas tentem responsabilizar a imprensa pelas notícias negativas que elas próprias ou suas organizações estão atraindo, poucas fizeram com a habilidade do cardeal Bernard Law, ex-arcebispo da diocese de Boston. Em 1992, no início da cobertura do *Boston Globe* sobre o caso de pedofilia do padre James R. Porter, o cardeal Law, na verdade, sugeriu que o *Globe* estava tão perdido que necessitava intervenção divina: "Por tudo, conclamamos o poder divino sobre a imprensa, particularmente o *Globe*".

No final, entretanto, Deus parece ter ficado do lado do *Globe* nesta disputa. E a amargura com que Law lutou durantes os próximos 10 anos para manter os documentos internos sobre padres pedófilos longe das mãos do Globe acabou por minar sua credibilidade como reformador potencial, mesmo que ele tenha querido se pintar como um – e contribuiu para a inevitabilidade de sua demissão.

Atacar repórteres que o estejam atormentando pode fazê-lo sentir-se melhor. Mas geralmente não convence o público que você é vítima deles. De fato, este fica quase sempre maravilhado com a imprensa quando esta revela seus defeitos. Suas tentativas de atirar no mensageiro só mostram sua pouca vontade em assumir responsabilidade por seus próprios erros.

Finalmente, reconheça que sua perspectiva com relação a seus próprios problemas é, muito provavelmente, distorcida. Não tente ser o seu advogado. Peça conselhos a pessoas que vejam realmente o que está acontecendo com você – não daquelas com interesse pessoal em ajudá-lo a manter suas ilusões.

RENOVE CONSTANTEMENTE SUA RECEITA DE ÓCULOS

Uma das mais duras de todas as notícias de cunho negativo, que tem a capacidade de transtorná-lo e é difícil de aceitar, é aquela que vem de coisas que fez no ano anterior e que, na época, pareciam perfeitamente corretas. A verdade é que algo aceitável numa época pode ser desastrosamente afrontoso na seguinte. Os padrões de comportamento estão em constante mudança. É uma coisa muito complicada evitar pisar naquela armadilha que desencadeia um ataque da imprensa, por que essa armadilha está sendo colocada em novos locais, todo o tempo.

> **Não tente ser seu próprio advogado. Obtenha conselhos de pessoas que sejam realistas sobre o que está acontecendo com você.**

Ainda pior, essas armadilhas são montadas abruptamente, da noite para o dia, quando uma história, particularmente negativa, desperta a imprensa, o público e as agências reguladoras para o fato de que os padrões estavam sendo mantidos em níveis muito baixos.

Por exemplo, a imprensa geralmente ignorava as infidelidades de políticos até se deparar com o estranho caso do candidato à presidência Gary Hart, em 1987. Ele lançou um desafio perverso aos repórteres ao responder perguntas sobre ser mulherengo dizendo: "Acompanhem-me por aí... Se quiserem colocar alguém atrás em mim, vão em frente. Ficarão muito entediados". Bem, o *Miami Herald* estava fazendo isso e não ficou nada enfadado. O jornal flagrou Hart com uma mulher jovem e atraente, que não era a sua – Donna Rice. Daí em diante, estabeleceu-se um novo padrão: se você for político e suas infidelidades forem descobertas, a imprensa não irá mais deixar isso de lado.

Os executivos agora estão passando por um divisor de águas semelhante, embora este afete sua vida profissional, não a pessoal. O que é aceitável no mundo pós-Enron é muito diferente do que era no mundo pré-Enron. A forma de encarar os fatos que jornalistas, investidores, empregados, clientes e órgãos reguladores passaram a adotar em relação às atividades de executivos mudou completamente. Atitudes que, anos atrás, deixariam as pessoas impassíveis, hoje em dia causam ultraje.

Em 2003, Philip Purcell, ex-CEO do Morgan Stanley, aprendeu da pior forma que a falta de contrição em relação a qualquer problema regulatório, seja ele grande ou pequeno, não funcionaria mais. Um dia depois de os promotores anunciarem um acordo de US$ 1,4 bilhões com as empresas de Wall Street por abusos durante a bolha acionária de empresas de alta tecnologia – incluindo US$ 125 milhões do Morgan Stanley –, Purcell disse publicamente: "Eu não vejo nada neste acordo que diga respeito ao investidor individual com relação a Morgan Stanley".

A reação do Procurador-Geral do Estado de Nova Iorque, Eliot Spitzer, e do presidente da SEC (*Securities and Exchange Comission* – órgão regulador da bolsa de valores nos EUA), William Donaldson, foi rápida e severa. Não só eles aproveitaram a oportunidade de lembrar ao público as coisas problemáticas nos registros do Morgan Stanley como Donaldson também apontou para "uma perturbadora e desorientada perspectiva na alegada má conduta do Morgan Stanley" de Purcell. Desnecessário dizer, nada disso abrilhantou a marca Purcell.

É inútil lutar contra novos padrões de comportamento. Em vez disso, tente adaptar-se aos tempos e ver seu comportamento sob uma nova ótica. E caso atraia uma história negativa por não ter se ajustado suficientemente rápido, peça desculpas. Purcell, que era um sujeito bem inteligente, corrigiu seu erro prontamente.

Claramente o grande escrutínio da imprensa, ao qual os executivos estão sendo agora submetidos, é resultado direto dos escândalos corporativos e do estouro da bolha das ações de alta tecnologia em 2000. Muitos executivos esperavam secretamente que, uma vez que os valores das ações retornassem novamente aos níveis anteriores, a atenção se desvaneceria e os padrões seriam mais flexíveis. Bem, isso não aconteceu.

Mais uma vez, a história do Gary Hart é instrutiva. Ela deslanchou por causa de uma ousadia particular de Hart, mas provocou um novo nível de questionamentos, aos quais todos os políticos passaram a ser submetidos desde então.

> **Não tente desafiar padrões. Reconheça que o que era aceitável ontem pode causar inúmeros problemas para você hoje.**

É importante entender que as pessoas estão interessadas em notícias pela mesma razão que assistem as corridas da Nascar: estão esperando ver um carro batendo no muro e queimando em chamas. Uma vez que compreendam que seu mundo particular oferece um potencial para desastre tão espetacular como o da Enron, eles não vão desviar sua atenção novamente. O escrutínio torna-se um fato da vida. Os padrões se tornam mais rigorosos.

Obviamente, se os padrões de comportamento em seu mundo parecem muito altos para você, tem-se uma opção: tente outra profissão. Como executivo, não se pode beber em público e entrar numa briga de bar sem chamar a atenção da imprensa. Como um atleta profissional? O mundo mal pode dissimular seu enfado coletivo.

NÃO DEIXE QUE O VEJAM SUANDO

O fato é: quando se está no meio de uma história com notícias negativas, você é jogado num mundo desconhecido, no qual não se tem controle das atividades diárias porque está recebendo "entradas" todo tempo. Então não se surpreenda se a experiência o levar a duvidar de si mesmo ou ao desejo de não ir em frente.

Entretanto, é um erro desistir só porque está cansado desse calor. Eu aprendi há muitos anos que se eles não virem você suar, não suará por tanto tempo.

A ex-CEO da Hewlett-Packard, Carly Fiorina, é um notável exemplo do que a perseverança, em face de notícias negativas, pode fazer por sua marca. Quando tanto a família Hewlett como a Packard se posicionaram, em 2001, contra a fusão que ela estava planejando entre a Hewlett-Packard e a Compaq, a marca de Fiorina recebeu um grande número de sérios ataques.

Seus críticos sugeriram que ela era uma daquelas pessoas que sabem conseguir o que querem e que estava a fim de destruir a celebrada cultura da HP para seu próprio proveito financeiro. Os informantes surgiram do nada e a imprensa apareceu com muitos rumores de um comportamento à *Maria Antonieta*. "Algumas das coisas ditas sobre a Sra. Fiorina são o equivalente, no Vale do Silício, às lendas urbanas", relatou o *New York Times*. "Uma delas era que Carly sempre viajava com uma *entourage*, que incluía um cabeleireiro. Não, dizem amigos e colegas, seu cabelo era cortado no *shopping center* de Stanford."

Uma disputa por meio de procurações de votos se seguiu e surgiram acusações de que ela tinha trapaceado para ganhar os votos por procuração. Durante o massacre, Fiorina demonstrou calma e inabalável convicção que estava tomando a decisão certa para a empresa.

Caso ela tivesse cedido à pressão e abandonado a ideia da fusão, teria confirmado o que seus críticos alegavam: muita movimentação e nenhuma substância. Em vez disso, ela convenceu muitos céticos que ela era a líder certa para a HP. Em seu livro de 2003, *Backfire*, Peter Burrows descreve a transformação da marca Fiorina após a disputa por meio de procurações de votos acabar nos tribunais:

> Seu testemunho, firme como uma rocha, ganhou para ela novos admiradores. Ela ganhou por ser crível e pela compreensão que tinha do seu negócio. Fiorina, uma grande marqueteira, saiu do tribunal com sua reputação intacta: a de uma CEO que pode falar com credibilidade sobre negócios e deixar para trás uma batalha de procurações para fazer com que as coisas aconteçam.

> **Se você souber lidar bem com os fatos, notícias negativas a seu respeito na imprensa lhe darão uma chance de provar sua capacidade de recuperação, o que, no final das contas, pode melhorar sua marca.**

Embora a HP tenha acabado por demiti-la em 2005 por resultados decepcionantes, essa dureza quando sob pressão a ajudou a se manter mais alguns anos no cargo de CEO.

Durante uma crise, as pessoas vão medi-lo. Apesar do sofrimento que críticas públicas possam trazer, elas lhe dão a oportunidade de provar sua capacidade de recuperação. Se for capaz de lidar friamente com o fato de estar sob holofotes e mal visto, você poderá acabar melhorando sua marca durante um ataque de forma que não seria possível se sua vida tivesse sido um pouco mais fácil.

Embora isso não se pareça com receber tiros da artilharia antiaérea, boas coisas realmente podem advir de uma má exposição na imprensa. Então fique calmo e mantenha o avião voando.

REGRA

10

TODO MUNDO PODE SER UM LUTADOR; CERTIFIQUE-SE DE SER UM

O filme *As Confissões de Schmidt*, pelo qual Jack Nicholson ganhou o prêmio Globo de Ouro de 2003 como melhor ator na categoria Drama, começa com uma terrível cena: a típica festa de comemoração de aposentadoria, onde os colegas de trabalho resumem a carreira do homenageado.

O jovem rapaz que está assumindo o cargo que era do personagem de Nicholson se levanta e tenta falar algumas palavras sobre ele. É como um tributo a um vivo, com a diferença que todos estão comendo galinha num banquete em vez de estar segurando lenços num velório. Infelizmente, a única coisa que o rapaz pode dizer é o clichê vazio de que Nicholson era um grande profissional e que seria difícil substituí-lo à altura, e todos no salão sentem que o orador está fazendo um grande esforço para dizer somente isso.

Eis o ponto: Nicholson dedicou 40 anos a uma companhia de seguros e seus colegas não têm quase nada a dizer sobre ele. A cena é constrangedora pelo simples fato de ser tão real. Todos os dias dezenas de milhares de pessoas se aposentam e seus colegas acham difícil fazer os mais superficiais comentários sobre elas.

E posso apostar que, se você perguntasse a essas mesmas pessoas anônimas, de 20 ou 25 anos, o que gostariam que fosse dito em suas festas de aposentadoria, seria bem diferente de um vazio "sentiremos sua falta". Muitas pessoas de 25 anos diriam que gostariam de ser lembradas assim: "Incrivelmente inovador e criativo, enfrentou grandes riscos, pessoa sensível, um gerente fantástico, grande líder".

O triste fato é que, em algum lugar entre os 25 e 65 anos, muitas pessoas ambiciosas pegam caminhos errados. Começam suas carreiras querendo pôr fogo no mundo, mas num determinado momento tomam decisões que tornarão sua marca notável apenas pela mediocridade.

Infelizmente, mesmo que você siga todas as regras deste livro, a meia-idade e os meados de uma carreira são perigosos. Suas responsabilidades irão crescer. Você poderá ter filhos. Seus pais ficarão mais velhos. Seus sogros estão ficando velhos. Provavelmente você tem uma hipoteca para pagar. Tudo isso conspira contra assumir o risco de mudanças. Então é mais fácil parar de ir em frente, tornar-se outro dente da engrenagem e acabar com uma reputação que diz: "sem rumo".

> **Mesmo que você siga todas as regras deste livro, a meia-idade e os meados de uma carreira são perigosos para sua marca.**

Como evitar a amargura de olhar para trás e pensar no que poderia ter sido, em vez da pessoa insignificante que se tornou? Abaixo, dou dez sugestões para ajudá-lo a manter seu *momentum* muito depois das marcas de seus colegas já terem se estabilizado, na inércia da meia-idade.

1. NÃO SEJA UM GENÉRICO, SEJA UM TYLENOL

Você pode tanto ser um paracetamol como um Tylenol. O princípio ativo é o mesmo, mas Tylenol é um nome reconhecido. Quando há uma crise – o bebê está com febre – muitas pessoas optam pelo Tylenol.

> **Sua marca é constantemente comparada com a de seus colegas. Não tenha medo de oferecer algum diferencial.**

Paracetamol genérico pode ser tão eficaz e bem mais barato, mas não tem um nome.

Não permita que o medo ou a preguiça desvie-o do Tylenol que você era, tornando-o um genérico de meia-idade. Não tema se distinguir de seus colegas mais genéricos. Sua marca está sendo constantemente comparada à deles e a única maneira de ganhar lealdade de seus chefes à sua marca é oferecendo alguma coisa distinta.

2. VOLTE À SELA DO SEU CAVALO

Como disse antes, a pirâmide organizacional se estreita à medida que fica mais alta, e quanto mais para cima se vai numa empresa, menos oportunidades para crescer irá encontrar.

Então há grandes chances de que, independentemente de ser um ótimo profissional, você seja passado para trás em uma promoção que achou que merecia. Infelizmente, muitas pessoas se desencorajam muito, mas muito facilmente. Elas pensam: "Eu não consegui a promoção que queria então não mais irei me preocupar mais com minha carreira. Estou aqui só para bater cartão".

É bobagem jogar a toalha por conta de um ou dois fracassos. Por exemplo, Jerry Levin, antigo CEO da AOL Time Warner, foi deixado para trás na promoção para o cargo de presidente da Time Inc. em 1986 e quase abandonou o trabalho quando a posição foi para seu rival de longo tempo, Nick Nicholas. Isso teria sido um erro, já que seis anos mais tarde ele conseguiu virar a mesa. Nicholas foi forçado a sair e Levin tornou-se CEO da Time Warner.

Se você não for o escolhido para uma promoção, deixe claro para seus chefes que não se considera, de nenhuma forma, fora da disputa. Como fazer isso? Bem...

> É bobagem jogar a toalha por causa de um ou dois reveses.

3. PEDIR NÃO MACHUCA

Muitas pessoas não estão interessadas em avançar, mas apenas em ir levando as coisas. Portanto, destaque-se no meio daquela multidão, pedindo mais para seus superiores.

> Peça oportunidades e promoções. Isso fará com que seus chefes se lembrem que você é alguém a ser considerado para altos cargos.

Diga: "Por que não estou sendo promovido? O que devo fazer para ganhar esta oportunidade? Posso assumir novas responsabilidades?".

Se demonstrar aos seus superiores que você se considera alguém que deveria estar progredindo, é provável que eles passem a olhá-lo da mesma forma.

4. NUNCA VENDA SUA MARCA POR POUCO DINHEIRO

Há uma grande cena no clássico filme de 1954, *Sindicato de Ladrões*, onde um lutador de boxe já decadente, papel interpretado por Marlon Brando, repreende seu irmão por tê-lo convencido abandonar uma luta por título em troca de quase nada. "Eu poderia ter sido um lutador", diz Brando, dolorosamente.

Bem, muitas pessoas no mundo dos negócios também poderiam ser lutadores, se não tivessem vendido suas marcas por tão pouco.

Dois profissionais na área de investimentos que eu conheço oferecem um bom exemplo. Poucos anos atrás, eles me contaram que tinham recebido ofertas de trabalho em filiais longe da matriz de sua organização. Eu lhes dei o mesmo conselho: "Diga que você ficará no cargo por 18 meses, mas não vai querer um aumento".

Eles acharam a ideia curiosa. "Por que não iríamos querer um aumento?", perguntaram eles.

"Porque", disse a eles, "se vocês aceitarem o aumento, terão sido comprados. Caso contrário, eles serão obrigados a trazê-los de volta à matriz com a experiência que ganharam – e vocês estarão prontos para cargos mais altos".

Em vez disso, ambos insistiram nos aumentos, foram mantidos longe por muito tempo e perderam oportunidades de serem promovidos.

Uma vez que eles percebam que podem comprá-lo por um aumento de 5% ou 10% no salário, você passa a ingressar na profissão mais velha do mundo – e com isso não quero dizer banqueiro. Eles não terão mais de lhe dar oportunidades interessantes para mantê-lo. Não terão mais de lhe oferecer uma trajetória dinâmica de carreira. Terão apenas de lhe oferecer alguma ninharia.

Não deixe seus chefes pensarem que você pode ser comprado facilmente. Nunca se afaste do processo de disputa por melhores cargos em troca apenas de uma pequena quantia de dinheiro. É claro que é difícil recusar qualquer aumento salarial quando se tem muitas responsabilidades pessoais – mas pense como um investimento em sua carreira. Quando você finalmente chegar ao topo da pirâmide, o valor que receberá fará com que aqueles pequenos aumentos recusados anteriormente pareçam uma mixaria.

> **Não deixe que seus chefes achem que você pode ser comprado facilmente.**

5. SE O RAIO ESTÁ PARA CAIR, GARANTA QUE VOCÊ ESTEJA EM CAMPO ABERTO

Em uma carreira, normalmente não se pode fazer com que a mudança aconteça. Ela acontecerá ao seu redor. Você não conseguirá controlar o momento em que será arrancado da multidão e receberá uma oportunidade que será muitas vezes maior que aquela que está sendo ofertada a seus colegas. No entanto, o momento irá controlá-lo.

Por vezes, os acontecimentos tirarão de você oportunidades bem merecidas. Você até pode ser um fantástico profissional de *marketing*, mas se sua organização estiver passando por uma crise operacional e houver rumores da existência de mutretas nos livros contábeis, provavelmente você não conseguirá o cargo de CEO naquele momento. Em vez disso, alguém da área contábil irá consegui-lo. Naquele momento é a reputação que está sendo requerida.

E às vezes certos eventos podem lhe trazer oportunidades surpreendentes. Por exemplo, Andy Lark, presidente da Sony BMG Music Entertainment, teve uma carreira com mais de um salto inesperado, pelo fato de ele oferecer a marca certa no momento certo. Como produtor de televisão da CBS, com formação tanto em propaganda como em teatro, em 1993 foi recomendado por Tom Brokaw para o cargo de produtor executivo do programa *Nightly News* da NBC. Em vez disso, acabou obtendo um cargo muito maior, o de presidente da NBC News. Com sua divisão de jornalismo se recuperando de um escândalo e perdendo dinheiro, a NBC foi atraída pela reputação de Lack como alguém que poderia trazer a vivacidade do entretenimento para os noticiários.

Dez anos mais tarde, Lack surpreendeu o mundo novamente. Foi levado ao topo da Sony Music quando sua experiência no mundo da música era precisamente zero. Mas a Sony Music estava perdendo dinheiro e sofrendo os efeitos da pirataria na internet. Em outras palavras, estava pronta para uma pessoa de fora, e Lack era um forasteiro com experiência em recuperar ativos de mídia. De novo, a reputação certa no momento certo.

Provavelmente você não conseguirá construir o momento histórico que favorecerá sua marca particular. Os chefes tendem a torcer o nariz para o equivalente organizacional do bombeiro que provoca um incêndio para depois se tornar um herói. Então o que você pode fazer a respeito?

O que você pode fazer é se colocar no lugar certo, no caso de os astros estarem alinhados a seu favor para uma promoção.

Certifique-se de se colocar onde seja mais provável que tenham necessidade de você, porque lá é que estão as oportunidades. Por exemplo, se sua organização é dirigida por um par de executivos com 50 anos ou mais, ou então no começo dos 60 e você sonha em sucedê-los, não aceite uma transferência para Cingapura. Talvez elas decidam se aposentar a qualquer momento e, caso tenha aceitado a transferência, você estará fora de posição. Sua marca será esquecida e alguém, que trabalha para você agora, provavelmente será seu chefe quando você retornar.

> **Normalmente, você não conseguirá controlar os eventos que irão levá-lo a ser promovido. Mas deve se assegurar de estar no lugar certo para ser a escolha óbvia.**

Esteja pronto para oportunidades nos lugares mais inesperados – mas enquanto estiver dirigindo por uma rodovia, cuide para não ir parar em uma estrada sem saída.

6. JOGUE COM ASTÚCIA

Há momentos em que você simplesmente tem de arriscar sua marca para ir adiante. Por exemplo, digamos que esteja trabalhando em uma entidade de caridade e a coisa mais importante para ela é ter alguém que possa descobrir como angariar fundos para um punhado de entidades que estão fazendo um trabalho terrível.

É aparente para todos que promover mudanças nestas entidades não será fácil. Mas caso decida aceitar este cargo e for bem-sucedido nele, sua reputação será a de quem se ofereceu para ter mais trabalho quando outros não tiveram esta coragem, foi leal à entidade e realmente conseguiu realizar o que mais esta necessitava.

Este é um real acréscimo para a sua marca. Uma vantagem que sempre pensei ter em relação a pessoas muitíssimo inteligentes, com quem concorria, era o fato de eu ser orientado para objetivos – orientado para as metas que minha organização e meus chefes mais necessitavam, não para as minhas. Eu entendia as necessidades da organização e eu fazia as coisas acontecerem.

> Há momentos quando você tem de apostar sua marca para ir adiante. Prometer fazer uma coisa difícil é arriscado, mas é um risco que vale a pena correr.

Sempre que se promete conseguir algo difícil, corre-se um risco – mas é um que vale a pena. Entretanto, eles não se chamam riscos por acaso. Cada vez que disser que fará algo grande, você deve estar preparado para lutar até o fim e deixar a organização caso falhe.

Felizmente, o pessoal da próxima organização, em que estiver interessado em trabalhar provavelmente não saberá o quão malsucedido você foi. Se a audiência for nova, sua marca estará imaculada.

Infelizmente, quando se está no meio de uma carreira, não se pode trocar de organização tão facilmente como antes. Quando se tem 20 ou 30 anos, se tiver três empregos em cinco anos, alguém que esteja considerando contratá-lo vai pensar: "É a experiência". Quando se está na casa dos 40 ou 50 anos, se tiver três empregos em cinco anos, as pessoas vão pressupor que há algo de errado com você. Daí sua marca será maculada.

7. CERQUE-SE DE CÉREBROS

Para progredir no meio da carreira é preciso assumir riscos, mas não se pode dar ao luxo de que muitas dessas tentativas não deem certo. Como ter certeza de que sempre estará apostando com inteligência?

Uma das melhores maneiras é criar, durante sua trajetória profissional, um pequeno círculo de pessoas com quem possa conversar e em cujas opiniões você confia. Espera-se que estas pessoas sejam política e organizacionalmente competentes, que se mantenham atualizadas e saibam como interpretar o que ouvem.

> **Crie um círculo de pessoas em cujos conselhos você confia, para ajudá-lo a arriscar sabiamente.**

Infelizmente, quando se tem esse tipo de poder, muitas pessoas dizem: "Posso tomar minhas próprias decisões. Eu não recebo conselho de outras pessoas". Isso é simplesmente estúpido.

8. ATINGIDO O SUCESSO, FAÇA PEQUENOS AJUSTES

Quando eu era CEO, a John Hancock trouxe um profissional de fora para um alto cargo na companhia. Depois de estar conosco por um mês, ele me falou com cautela sobre pessoas que encontrou e coisas que viu.

Quando estávamos acabando de conversar sobre suas impressões, eu fiz a ele uma pergunta: "Então, o que você anda ouvindo a respeito de minha reputação entre os funcionários mais antigos?". E acrescentei: "Sou um homem maduro. Não precisa açucarar as coisas".

"Bem", disse ele, "alguns deles o temem porque sabem que você fica bravo com pessoas que você considera estúpidas." E continuou: "Eu nunca ouvi dizer que você fosse injusto. E é claro que dizer a verdade é muito importante. Mas há um certo medo perceptível".

Minha reação inicial para isso foi: "E daí?". Mas quando mais tarde eu pensei sobre isso, cogitei: "Quanto de medo é suficiente? Quanto é demais? Por que estou gerando tal sensação?".

Eu estava fazendo isso particularmente porque as rápidas mudanças da economia colocaram as empresas de seguros de vida sob muita pressão, e eu queria que meu pessoal mais antigo soubesse que havia muito em jogo. Em parte, fazia isso por não estar tirando férias o suficiente, e porque não estava fazendo as coisas duras que o momento demandava da maneira mais generosa e gentil possível.

O problema de se colocar muito medo em sua marca é que não se recebe muitas verdades em troca. Decidi então abrandar um pouco.

O fato é que nunca se é muito velho para ajustar sua marca – e nunca poderoso demais. Infelizmente, muitas pessoas no poder dizem: "Eu estou aqui, agora. Tenho o controle. Nunca mais terei de justificar meu comportamento, novamente".

Este era o sentimento que George W. Bush expressou para Bob Woodward, no livro de 2002 deste jornalista, *Bush at War*. Bush contou a ele que estava sendo deliberadamente provocador com seu comitê de guerra a fim de forçá-lo a tomar decisões sobre o Afeganistão. Quando Woodward lhe perguntou se tinha explicado a eles que estava planejando testá-los desta forma, o presidente disse algo revelador como resposta:

> Eu não preciso explicar por que digo as coisas. Esta é uma coisa interessante em ser presidente. Talvez alguém tenha de me esclarecer quando disser algo, mas eu não acho que deva nenhuma explicação a ninguém.

Eu gostaria de contestar. Nunca se atinge um ponto onde sua obrigação de se justificar acaba – não se você espera ser reeleito; não, se deseja ganhar o Prêmio Nobel da Paz; não, se espera ser elogiado nos livros de história. Você estará construindo sua reputação até morrer. E mesmo as melhores reputações sofrem reviravoltas inesperadas.

Por exemplo, quando o legendário CEO Jack Welch se aposentou da General Eletric em 2001 coberto de louros, estou certo de que a última coisa que ele esperava era ter sua brilhante reputação manchada por um divórcio confuso. Mesmo nos processos judiciais, um ano mais tarde, sua mulher Jane Welch tornou público o grau em que os acionistas da GE estavam subsidiando um estilo de vida que ele poderia facilmente manter com seus próprios recursos.

Welch era rico, estava aposentado, tinha assinado um contrato que lhe dava esses benefícios extras e simplesmente poderia ter ignorado as consequências disso para sua marca. Mas a verdade é: quanto mais rico e poderoso você se torna, mais provavelmente desejará uma das poucas coisas que não podem ser compradas – deixar uma boa lembrança.

"Então, eis meu dilema", Welch escreveu num editorial do *Wall Street Journal*. "Devo eu manter o contrato e parecer alguém que é intocável num mundo de hoje, pós-Enron? Ou devo eu modificar um contrato legal e sofrer o golpe de ser visto como alguém que fez algo impróprio?"

Acabou decidindo por modificar o contrato, abrindo mão de mais de US$ 2 milhões por ano em benefícios. Obviamente, ele pesou as opções e decidiu que era melhor ser visto com alguém que corrigiu uma impropriedade do que ser conhecido como quem está arrogantemente desconectado com os tempos.

> Você estará construindo sua marca até morrer, então se prepare para fazer ajustes.

Welch é um sujeito muito esperto. Existem muito poucas marcas de consumo que sobrevivem 40 anos sem ajustes. Não espere que a sua também sobreviva sem eles.

9. NÃO ULTRAPASSE OS LIMITES DA INTEGRIDADE

> Não minta, não trapaceie, não roube. O poder não o protegerá da desgraça.

Já falamos sobre as armadilhas da arrogância. Dissemos o suficiente. Não minta, não trapaceie, não roube. Não importa quanto poder você amealhou até os meados de sua trajetória profissional; ele não será suficiente para protegê-lo da desgraça.

10. ENTENDA QUE NÃO VALE A PENA TER UMA REPUTAÇÃO INOBSERVADA

Se eu pudesse condensar todos os conselhos dados neste livro em uma só linha, esta deveria ser: "Esteja ciente, todos os dias, daquilo que está construindo".

Só isso o diferenciará de 99% das pessoas que encontrará na vida organizacional, que estarão muito ocupadas se preocupando sobre si próprias para considerarem o caráter que estão construindo aos olhos de outras pessoas.

A cada dia de sua vida profissional você estará vendendo sua imagem pelas coisas que faz, pelas palavras que escolhe, pela maneira com que trata as pessoas e por sua aparência. Mas não estará apenas mostrando uma imagem positiva de si próprio – estará também engajado num ato de autocriação. Estará construindo a pessoa que um dia será apreçada e lembrada como um ser humano muito bem-sucedido – ou não.

Tente estar sempre atento ao que está criando. Tente não se enganar. O fato de pretender ser uma força de inovação, alguém que corre riscos, uma pessoa sensível, um gerente fantástico e um grande líder não irá torná-lo um. Se essa for a marca pessoal que deseja, então terá de provar ao mundo que possui todas essas grandes qualidades.

Você deve usar a marca como um gabarito para todas as suas ações. Finalmente, se sua marca deve significar algo, é necessário vivê-la, e terá de continuar vivendo-a até o fim de sua vida.

ÍNDICE REMISSIVO

Aconselhando e apoiando o seu chefe, 55, 60-63
Acusando os outros, 191-192
Adelphia, 23
Advocate, The, 188
Afastando-se de certas pessoas, 158-159
Agarrando oportunidades, 202-203
Almoços de negócios, 142-143
Alto escalão e você, passando por cima do seu chefe, 88-90
American Lawyer, 120
Amigos e sucesso, 168-169, 203
Antagonizando seus colegas de trabalho, 138
AOL Time Warner, 199
Apoiando outras pessoas, 47-48
Apostando, aproveitando oportunidades, 203-204
Apreço pelo consumidor, 170-171
Apreço pelos outros, apreço pelos clientes, 170-171
Arthur Andersen, 166
Aspectos de produto merecedores de desenvolvimento, 37-38
Assumindo responsabilidades, 191-192
Ataques não provocados, 160-161
Autocomiseração, 29
Avaliação realista de situações, 193-195

Bajulação, 165
Bajuladores, 55-58, 168
Baker, Jim, 63
Baldwin, Sandy, 42
Bernstein, Mark, 126
Boa reputação, 170-180
Boas maneiras (*Veja* etiqueta)
Boies, David, 98-99
Boston Celtics, 47

Boston Globe, 160, 192
Brand Warfare, 24
Branson, Richard, 37
Brokaw, Tom, 201
Brown, Steve, 101
Buffett, Warren, 38, 160
Burrows, Peter, 196
Bush at War, 205
Bush, George W. 63, 205
Byrne, John, 177

Caráter, 20-22
Caridade, 177-178
Casamento e relacionamentos matrimoniais, 107-111
Cerner Corp., 44
Cerque-se de cérebros, 203
Chance, Clifford, 120
Chefes do tipo "sabe-tudo", 83-85
Chefes do tipo "usuário de uma via", 80
Chefes impopulares, defendendo-se de, 77-79
Chefes inseguros, 81-83
Chefes pária, defendendo-se de, 77-79
Chefes ruins, recusando-se a trabalhar para, 87-88
Citicorp, 78
Citigroup, 119, 179-180
Clinton, Bill, 182, 187
Clinton, Hillary Rodham, 182
Coaching, 47-48
Coca-Cola, 62, 168
Como seu chefe o percebe, 53-54
Compaixão, 111-112, 169
Companhias administradas por empreendedores, 123-127

Comportamento do dia a dia, 129-147
almoços de negócios, 142-143
antagonizando seus colegas, 138
comportamento educado, 134-135
discrição, 142-143
etiqueta ao telefone, 139
impressão que você causa aos outros, 130-131
irritando as pessoas, 133-134
modo de se vestir, aparência, 131-132
questões relacionadas ao chefe, 143-144
reuniões, 135-139, 140-142
secretárias e subordinados, 134-135, 146
Comportamento ético, 40-42, 62, 95-96, 206
Comportamento ilegal, 61
Comportamento, 32
Concorrência, 20
Condit, Gary, 187
Confiabilidade, 46-47
Confiança por parte de seu chefe, 65-67
Conger, Darva, 29, 32
Conhecimento, 111-112
Conseco, 108
Consumo de bebidas alcoólicas, 103-104
Contratempos, 199
Coquetéis, 102-106, 146-147
Correios de voz indiscretos, 45
Criando a sua marca, 21, 23-25, 63-64
Críticas, 155

Defendendo-se, 157-159

Defensores, 160-161
Deixando seu emprego quando não
  afã de vingança, 126-127
  companhias administradas por empreendedores, 123-127
  discriminação e mentalidade de gangues na administração/propriedade de empresas, 117-120
  nepotismo e promoções, 114-117
  puder ascender, 87, 113-127
  sociedades, tornando-se sócio, 122-123
Delatores, 189-190
Delegando autoridade, 48-49
DeLorean, John, 165
Desculpando seu comportamento, 30
Desencorajamento, 199
Deslealdade, 155-157 (*Veja também* Lealdade)
Discrição, 43-45, 107-111, 142-143
Discriminação, 117-120
Disputa através de procurações, 195-196
Divórcio, 107-111
Donaldson, William, 194
Dowd, Maureen, 160
Duffy, Michael, 63
Dukakis, Michael, 154
Dunlap, Al, 177

eBay, 41
Ebersol, Dick, 153
Efeito halo, 36
Egocentrismo *versus* a perspectiva externa, 27-49
e-mails, indiscrição em, 45
Encobrir uma história, 184-187

Enron, 23,29,41,166
Equilíbrio de poder entre você e seu chefe, 51-53, 85-86
Erro de atribuição, 30
Erros, 19
Escândalos, 22, 95-97, 181
  acusando os outros, 191-192
  avaliação real de situações, 193-195
  encobrindo, 184-187
  histórias de confirmação e "de dar uma podada", 190
  informantes e delatores, 187-189
  mantendo a classe sob pressão, 195-196
  perjúrio, 187-189
Esnobismo, 100-102
Esposo(a) de chefe, 109-110
Estilos de gerenciamento, 49
Etiqueta em festas, 102-106, 146-147
Etiqueta, 94-113
  a importância das boas maneiras, 94-95
  casamento e relacionamentos matrimoniais, 107-110
  consumo de álcool, 103-106
  discrição, 106-107
  esnobismo, julgando as pessoas pelas aparências 100-102
  etiqueta em festas, 102-106, 146-147
  intolerância, 101-102
  modo de se vestir, aparência, 97-100
  modos à mesa, 99-100
  paciência, compaixão, respeito, 111-112
  relacionamentos românticos, 106_107
  reuniões fora da empresa, 105-106

situações constrangedoras, 95-97
Experiência *versus* dinheiro, 66
Exploração de suas habilidades, 120-123

Família, 107-111
Fazendo com que seu chefe pareça bom, 63-65
Fazendo inimigos e deixando-os para trás, 150-152
Festas promovidas pela empresa, 102-106
Filantropia, 177-178
Fiorina, Carly, 195
Ford Motor Company, 114-115
Ford, Henry II, 80-81, 94
Ford, William Jr., 110
Frank, Barney 188
Frost, Winston L., 191
Funcionários fiéis e éticos, 60-63, 168

Gates, Bill, 98,160,178,182
General Electric, 205
Gerando receitas para a sua organização, 38-40
Global Alliance for Vaccines and Immunization, 178
Gobie, Steve, 188
Godoff, Ann, 138
Grant, Hugh, 182

Hart, Gary, 193-194
Hewlett-Packard, 195
Hilbert, Stephen, 108
História de "dar uma podada", 190
Histórias "de confirmação", 190
Hoffman, Joe, 89-90

Honestidade, 40-43
Humildade, 168
Hurd, T. Norman, 115

Iacocca, Lee, 80-81, 94
IBM, 126
Identificando-se com seu chefe, 78-79
Imagem de si próprio, 31
Imagem, 20
ImClone, 22-23, 184
Imperial Rockefeller, The, 115
Imus, Don, 182
Indiscrição (*Veja* discrição)
Indivíduos equilibrados, 55, 60-63
Informantes, 189-190
Inimigos, 149-161
   afastando-se de certas pessoas, 158-159
   ataques não-provocados, 160-161
   defendendo-se, 157-159
   deslealdade e, 155-157
   dignidade, 161
   fazendo inimigos e deixando-os para trás, 150-152
   lutando contra gigantes, 160-161
   razões pelas quais se faz inimizades, 155
   reconhecendo seus inimigos, 152-155
Integridade, 40-42, 46-47, 62, 206
Interesse próprio, 27-28
   dignidade e, 161
Intolerância, 101-102
Irritando as pessoas, 133-134

Jogando pelo técnico, 47-48

Julgando as pessoas pelas aparências, 100-102
Julgando suas próprias ações, 28-32
Justiça, 49
Juventude e sucesso, 37

Keller, Traug, 42
Keough, Don, 168
Kleinert, Bob, 72-73
Knight, Phil, 38
Knudsen, Bunkie, 94
Komansky, David, 79
Kozlowski, Dennis, 185

Lack, Andy, 201-202
Law, Cardeal Bernard F., 160, 192
Lealdade, 54-55, 65-67, 78, 155-157
Levin, Jerry, 199
Levy, Chandra, 187
Lewinsky, Monica, 187
Losing My Virginity, 37
Lott, Trent, 191

Maccoby, Michael, 123
Maníacos por controle, 124-125
Mantendo a classe ao sofrer ataques, 195-196
Mantendo promessas, 46-47
Mantendo-se no topo, 197-207
Marca pessoal, definição de, 20
Martha Stewart Living Omnimedia, 22-23
Martin, Judith, 93
Mentalidade de gangue na administração, 117-120
Mentiras, 40-42
Merrill Lynch, 79

Miami Herald, 193
Miss Manners Rescues Civilization, 93-95
Modo de se vestir, aparência, 98-100, 132-133
    julgando as pessoas pelas aparências, 100-102
Modos (*Veja* etiqueta)
Modos à mesa, 99-100
Modos ao telefone, 139
Morgan Stanley, 194
Mulcahy, Anne, 186

Narcisistas, 123
Nasser, Jacques, 114
National Cash Register Co., 126
NBC Nightly News, 201
Negação, 32
Negócios geridos por família, 114-117
Nepotismo e promoções, 114-117
New York Post, 182
New York Times, 79, 138, 160, 176, 179, 182, 195
New York Yankees, 175-176
Nicholas, Nick, 199
Nike, 38
Nixon, Richard, 173-174, 190
Normand, Troy, 61-62

O'Brien, Jim, 48
O'Leary, George, 42
O'Neal, E. Stanley, 79
Oferecendo qualidades únicas à organização, 36-37
Olney, Buster, 176
On a Clear Day You Can See General Motors, 165

Oportunidades, 19-21, 201-203
Organizações, características das, 18

Paciência, 111-112
Pagando suas dívidas, 51-52
Pais da "Pequena Liga" e relacionamento chefe-empregado, 70-72
Passando por cima da autoridade do seu chefe, 88-89
Patterson, John H., 126
Perjúrio, 187-188
Persico, Joseph, 115-116
Perspectiva externa sobre as ações tomadas, 27-49
Pessoas "do contra", 55, 58-60
Pessoas inseguras como chefes, 81-83
Pitino, Rick, 48
Preconceito, 101
Presidents and the Press, 173
Príncipe, Charles, 179
Promoções, 21
    nepotismo e, 114-117
Propriedade de empresas, 117-120
Psicanálise, 29
Publicidade, 172-175
Purcell, Philip, 194

Qualidades únicas para oferecer à organização, 36-37, 198-199
Questões relacionadas ao chefe (*Continuação*)
    a justiça tarda mas não falha, 89-91
    chefe impopular (pária), defendendo-se de, 77-79
    chefe, 70-72
    chefes do tipo "sabe-tudo", 83-85
    chefes do tipo "Usuário de Uma Via", 80
    chefes inseguros, 81-83
    cima do seu chefe, 87-88
    com o chefe, 72-74
    como seu chefe o percebe, 53-54
    comportamento bajulador e, 55-58
    comportamento ilegal, 62
    confiança dada pelo seu chefe, 65-67
    dando uma boa impressão de, 65-67
    deixando o emprego atual, 87
    equilíbrio de poder entre você e seu chefe, 85-86
    esposo(a) de chefe, 110-111
    identificando-se com seu chefe, 78-79
    lealdade e, 53-54, 65-67, 78
    os superiores do seu chefe e você, passando por 87-88
    recusando-se a aceitar um trabalho com , 85-86
    relacionamento mentor-protegido, 72-74
    relacionamento pai-filho com o, 70-72
    seu chefe, 65-67
    tipos de personalidade de chefes, 69-91
    um chefe ruim, 85-86
Questões relacionadas ao chefe, 51-67, 143-144
    aconselhando e apoiando seu chefe, 55, 60-63
    comportamento dos "do contra", 58-60
    controle sobre sua reputação, 52-53

indivíduos equilibrados e, 60-63
reclamações a respeito de seu chefe, 54-55
relacionamento do tipo cuidador com chefes incapazes, 74-76
troca justa entre você e seu chefe, 66-67

Racionalidade *versus* organizações, 19
Random House Trade Group, 138
Reagan, Nancy, 64
Reagan, Ronald, 63-64
Realizações, 19, 22
Reclamações acerca de seu chefe, 54-55
Reconhecendo seu próprio valor, 200-201
Reconhecendo seus inimigos, 152-155
Recreação e *hobbies*, 169
Recusando-se a trabalhar para um chefe ruim, 85-86
Redgrave, Vanessa, 37
Reed, John, 78
Relacionamento com a imprensa, 172-175, 183-184
  acobertamentos, 184-187
  acusando os outros, 191-192
  avaliação real de situações, 193-195
  histórias de confirmação e "de dar uma podada", 190
  informantes e delatores, 189
  mantendo a classe sob pressão, 196
  perjúrio, 187-189
Relacionamento defensivo de empregados, 77-79
Relacionamento do tipo cuidador com chefes incapazes, 74-76

Relacionamento do tipo cuidador com chefes incapazes, 74-77
Relacionamento mentor-protegido com o chefe, 72-74
Relacionamento pais-filho com o chefe, 70-72
Relacionamentos românticos, 106-107
Relações com a comunidade, 172
Respeito, 111-112
Reunião "de combate", 136, 144-149
Reunião do tipo "fazer-alguma-coisa-acontecer", 134, 140-142
Reuniões com a equipe, 135-139
Reuniões em lugares fora do local de trabalho, 105-106
Reuniões, 135-143, 144-147
  fora do local de trabalho, 105-106
Rice, Donna, 193
Rockefeller, Nelson, 114-116

Secretárias e subordinados, 134, 146
Síndrome de "chutar o cachorro", 121
Síndrome de Estocolmo, 57
Síndrome do "soldadinho de chumbo", 126-127
Sistemas de castas nas organizações, 52
Situações constrangedoras, 95-97
Skilling, Jeffrey, 29
Smithsonian Magazine, 126
Sociedades, tornado-se sócio, 121-122
Solicitando promoções, 199
Solidariedade, 169
Soltner, André, 36
Sony Music Entertainment, 201
Spear, Joseph C., 173

Steinbrenner, George, 175-177
Stewart, Martha, 22-23,184
Student, revista, 37
Submissão, 56-58
Sucesso
  amigos e, 168-169
  apreço por outros, apreço pelos consumidores, 170-172
  boa reputação, 179-180
  caridade, filantropia, 177-178
  como vingança contra o chefe, 89-91
  e suas desvantagens, 163-180
  empregados fieis e éticos, 168
  escândalos, 181
  lidando com o sucesso, 175-176
  recreação e hobbies, 169
  relação com a imprensa, 172-175, 183-184
  relações com a comunidade, 172
  ser cético a respeito de sua própria capacidade, humildade e, 167
  solidariedade e compaixão, 169
  trabalho árduo, 175-176
  tratamento diferenciado para os executivos e, 164-166
Sunbeam Corp. 177
Sununu, John, 63
Supervisores (*Veja* questões relacionadas ao chefe)

Time, revista, 63

Tipos de personalidade de chefes, 69-91
"Tiros da artilharia antiaérea", 196
Trabalho árduo, 19,22,175-176
Trabalho bem-sucedido, conquistando uma boa reputação, 38-40
Tratamento diferenciado para os executivos, 164-166
Troca justa entre você e seu chefe, 66-67
Turner, Ted, 160
Tyco, 23, 166, 185

Vaidade, 81
Vingança contra o chefe, 89-91
Vingança, afã de, 126-127
Virgin Group, 37
Voluntário para trabalhar, 36

Wall Street Journal, 78-79, 108, 205
Wallace, Mike, 154
Watergate, 190
Watson, Thomas J., 126
Weill, Sandy, 179-189
Welch, Jack, 205-206
Winfrey, Oprah, 62
Woodward, Bob, 205
WorldCom, 23,41,61, 166

Xerox, 186